全民阅读
中华文明史 系列

大国复兴
一本书读懂现代文明

姜 越◎编著

群言出版社
QUNYAN PRESS
·北京·

图书在版编目（CIP）数据

大国复兴：一本书读懂现代文明 / 姜越编著. --
北京：群言出版社，2015.8（2022.8 重印）
ISBN 978-7-80256-836-5

Ⅰ.①大… Ⅱ.①姜… Ⅲ.①文化史–中国–现代–通俗读物
Ⅳ.①K270.3–49

中国版本图书馆 CIP 数据核字（2015）第 182301 号

责任编辑：刘占凤　张　程
封面设计：侯泰设计工作室

出版发行：群言出版社
社　　址：北京市东城区东厂胡同北巷 1 号（100006）
网　　址：www.qypublish.com（官网书城）
电子信箱：qunyancbs@126.com
联系电话：010–65267783　65263836
法律顾问：北京法政安邦律师事务所
经　　销：全国新华书店

印　　刷：北京洲际印刷有限责任公司
版　　次：2015 年 11 月第 1 版
印　　次：2022 年 8 月第 2 次印刷
开　　本：640mm × 960mm　　1/16
印　　张：15
字　　数：238 千字
书　　号：ISBN 978-7-80256-836-5
定　　价：58.00 元

中国文明也被称之为华夏文明，是世界上最古老的文明之一，也是世界上持续时间最长的文明。一般认为，华夏文明的直接源头有三个，即黄河文明、长江文明和北方草原文明，华夏文明是三种区域文明交流、融合、升华的灿烂果实。

华夏文明上下五千多年历史，经历了原始社会、奴隶社会、封建社会以及现在的社会主义社会。在数千年的古代历史上，中华民族以不屈不挠的顽强意志和勇于探索的聪明才智，谱写了波澜壮阔的历史画卷，创造了极其灿烂的物质文明与精神文明。万里长城、大运河、明清故宫以及多姿多彩的各种出土文物，无不反映出大胆、高超的生产技术；同时，在思想文化、科学技术领域产生了无数杰出的人物，创造出无比博大、深厚的业绩；而包括指南针、造纸术、火药和印刷术这"四大发明"在内的无数科技成就，更使全人类获益匪浅。

而现今的中国正处于社会主义社会，并且是社会主义社会的初级阶段，

在不断地摸索前行中，现代的中国同样创造了非凡的成就和灿烂的文明。继承和弘扬中华传统文化，是凝聚中华民族力量的客观要求，是建设有中国特色的社会主义物质文明和精神文明的现实需要。全面、系统地挖掘、整理和介绍现代中华文明，则是中国学者义不容辞的光荣任务。

经济文明是社会进步的必然表现。中国的现代经济文明可谓突飞猛进，在改革开放政策的正确指引下，中国走出了一条属于自己的经济腾飞之路。

现代农业文明的实现，不仅满足了人类对能源、资源的需求，同时也推动了经济增长方式的转变，意味着对传统经济与社会组织的颠覆与改造。现代农业文明带给当代人类的不仅仅是一种新能源，更是继工业革命之后的又一次经济形态转型的新革命。

科学技术是第一生产力。了解中国现代杰出的科学成就，对于振奋民族精神，弘扬民族传统文化，增强民族凝聚力，促进社会主义精神文明建设，具有非常重要的意义。

凡对此种种文明，这里不一一列举，文明的进步离不开每一个社会因素的发展和支持。本书内容涉及的时间范围从1949年新中国成立开始，直至目前为止，作为中国现代文明的起始，在有限的篇幅内，对这一时期从农业、经济、交通、科技、新能源、航空、绘画、生态以及社会生活等方面进行梳理，通过相关知识的链接和扩展阅读，开阔读者的视野，行文中与文字内容统一和谐的图片，更能加深读者对内容的理解，让这一时期文明的光辉灿烂且清晰地展现在读者面前。

第一章 推陈出新——科学环保的现代农业文明

现代农业是指广泛应用现代科学技术、现代工业提供的生产资料和科学管理方法的社会化农业。在按农业生产力的性质和状况划分的农业发展史上,是最新发展阶段的农业。主要指第二次世界大战后经济发达国家和地区的农业。我国的现代农业从建立新中国开始,已经走出了一条属于中国特色的新型农业文明之路。

第二章 突飞猛进——改革开放的现代经济文明

文明的行为从经济活动开始,文明的结果体现在经济活动中。没有文明的经济活动,就没有文明的物质;没有物质的不断丰富,就没有政治文明、文化文明,就没有整个社会的文明进步。自新中国建立至今,尤其是从十一届三中全会开始,中国经济像东方苏醒的巨龙,呈现出势不可当的趋势。中国经济以改革开放为契机,立足中国,走向世界。

第三章 朝发夕至——四通八达的现代交通文明

随着社会经济的快速发展，人们的生活节奏开始加快。得力于科学技术的日新月异，使得拥有新式快速的交通工具成为人们急需解决的问题。地铁的开通在城市内形成了纵横交错、十分便利的交通网。高速铁路的建设使得城际间的行程时间大大缩短，从而让朝发夕至成为现实。

第四章 日新月异——不断创新的现代科技文明

放眼古今中外，人类社会的每一项进步，都伴随着科学技术的进步。尤其是现代科技的突飞猛进，为社会生产力发展和人类的文明开辟了更为广阔的空间，有力地推动了经济和社会的发展。中国的计算机、新材料、杀菌技术等高科技企业的迅速增长，极大地提高了中国的产业技术水平，促进了工业、农业劳动生产率的大幅度提高，有力地带动了整个国民经济的发展。

第五章 天时地利——新能源开发利用新时代

已经广泛使用的煤炭、石油、天然气、水能 等能源，称为常规能源。随着常规能源的有限性以及环境问题的日益突出，以环保和可再生为特质的新能源越来越得到各国的重视。

新能源又称非常规能源，是指传统能源之外的各种能源形式。相对于常规能源而言，在不同的历史时期和科技水平情况下，新能源有不同的内容。当今社会，新能源通常指太阳能、风能、地热能、氢能等。

第六章　独立自强——开启现代航空文明新纪元

航空是指载人或不载人的飞行器在地球大气层中的航行活动，譬如飞行。这些活动亦包括与天空有关的组织，如飞机制造、发展和设计等。人类早就萌发了上天飞行的强烈愿望，这些可从古代的传说中得知，例如中国关于嫦娥奔月的传说。随着科技的突飞猛进，中国不仅实现了"嫦娥"奔月的梦想，同时也实现了"神州"载人飞天的梦想。

第七章　妙手丹青——日臻完善的现代绘画文明

进入20世纪90年代以后，中国美术从单一的现实主义发展为多元并存的局面。在否定或批判先前模式的同时，如何确立有各自特色的创作方法已提到议事日程之上。因此这个阶段体现为一个实验性艺术的时期。这一时期的绘画具有极大的包容性，出现了一大批各具特色的画坛大师，推动了中国现代绘画艺术的不断前进，并使之日臻完善。

第八章　绿色中国——建立现代生态文明新秩序

生态文明是人类在改造客观自然界的同时，又主动保护客观自然界。在积极改善和优化人与自然的关系，建设良好生态环境的过程中所取得的物质和精神成果的总和。回顾我国生态文明建设的历史，我们取得了丰硕的成果，并形成了许多有益的经验和做法。

第九章　辞旧迎新——丰富多彩的现代生活文明

自新中国成立以来，许多旧习俗已经被革除。在物质丰腴的蕴育中，新的生活方式融入到现代生活的方方面面。其中，不仅有对传统节庆的传承，还有对艺术技巧的发展和创新，更有对新生事物的大胆尝试。正因为众多因素融合于现代的社会生活，使得现代人们的生活出现了丰富多彩的新气象。

第一章

推陈出新
——科学环保的现代农业文明

现代农业是指广泛应用现代科学技术、现代工业提供的生产资料和科学管理方法的社会化农业。在按农业生产力的性质和状况划分的农业发展史上，是最新发展阶段的农业。主要指第二次世界大战后经济发达国家和地区的农业。我国的现代农业从建立新中国开始，已经走出了一条属于中国特色的新型农业文明之路。

 中国农业现代化

据世界贸易组织的统计数据，中国是全球最大的农业国，我国的农业产出不断增长，出口率保持着高速增长的势头。

根据谷物、大豆、糖类、水果、肉类、水产品、牛奶、棉花、羊毛等15个种类食品单项产量的前10名的53个国家综合排序，世界农业大国前20名依次是：中国、印度、美国、巴西、法国、印度尼西亚、德国、俄罗斯、土耳其、阿根廷、澳大利亚、意大利、英国、墨西哥、加拿大、伊朗、西班牙、泰国、日本、巴基斯坦。其中亚洲8国，欧洲6国，北美洲3国，拉丁美洲2国，大洋洲1国。

这20个国家对世界经济起到重要的作用，他们的人口和可耕地面积总共约占世界总量的66%，他们的国民生产总值和谷物产量约占世界总和的81%以上，并且国民生产总值世界排名前11名的都集中在这20个国家中，前17名中有15个也是在这20个国家中。

设施农业是我国一项比较占优势的产业，它是一种劳动密集型产业，同时它也是种植业和养殖业中受益最高的产业，是当前广大农民增收的主要渠道之一，不仅是市民的"菜篮子"，也是农民的"钱袋子"。

据有关方面统计，我国的设施农业约解决了6000多万人的就业问题，如果加上产前和产后的话，设施农业一共吸纳的人数大概有1亿人。随着我国农业科技水平的发展和国际交流的增多，我国的设施农业产业在不长

的一段时间里已经取得了非常卓越的成就。主要表现在以下几个方面：设施农业整体发展较快；种子和种苗技术的自主创新性强；蔬菜栽培已经向优质高产发展；设施环境综合调控技术已经达到了国际先进水平；产后处理水平不断提高；设施农业主要支撑技术的研发与应用加快；初步构建了设施农业生产技术体系。农业设施生产行业发展迅速，涌现出一批具有一定生产规模的大型温室生产厂家。

我国是一个农业大国，我国的农业机械生产和消费都非常多，农业机械的产量、销售量和市场占有量都位居世界前列。

进入 21 世纪，世界人口还在继续增多，人民生活还要求不断提高和继续改善，这必然要求农业机械化在更大的范围、更广的领域和更高的水平上继续发展，发展的重点也必然从北美洲、欧洲转移到亚洲、拉丁美洲。

这是研究分析了世界 20 个农业大国的发展情况后得出的结论。由此也可以看出，农业基础对整个国民经济发展的重要作用和农业与国民经济相互依存、相互促进的紧密关系。

农业劳动生产率的提高是国民经济现代化的重要基础。在 20 个农业大国中，北美洲和欧洲的主要国家及大洋洲的澳大利亚，20 世纪都实现了农业机械化。美、法、德等国是 20 世纪世界农业机械化发展中的闪光点。

已经实现农业机械化的国家，农业就业人员占全社会从业人员的比重多在 2%—8%之间，农业增加值占国内生产总值的比重在 2%—5%之间，平均每个农业劳动者生产的谷物在 2—10 万公斤之间，创造的农业增加值在 2—4 万美元之间，城市化率多在 70%以上，农业劳动生产率高，农民收入和生活水平也较高，工农差别、城乡差别缩小，它们不仅是农业大国，也是农业强国。而亚洲的 8 个农业大国，除日本外，都还没有实现农业机械化，拉丁美洲的巴西、阿根廷也还没有实现农业机械化。这 9 个国家人口约占世界人口的 1/2，可耕地约占世界的 35%，牧地约占世界的

22%，发展潜力很大。但农业生产方式落后，农业劳动生产率、农民收入和生活水平都较低，用占世界近58%的农业劳动者，只生产了约占世界44%的谷物，创造了约占世界32%的农业增加值。农业资源占用多，但产出效果低，大而不强。

世界看好中国，中国走向世界。在上述还没有实现农业机械化的农业大国中，农机化发展的新亮点首选是中国。中国的可耕地、牧地之和总量最多，农畜产品产量多项世界第一，但农业机械化水平还较低，农业劳动者很多，食品国际竞争力不强，农机化发展潜力巨大。美、欧、日等许多国家都看好中国农机市场。中国"十五"计划已明确提出"推进农业机械化"。减少农民，发展现代农业的进程正在加速。中国加入世界贸易组织后，有利于先进农机产品和技术的引进，有利于根据WTO规则加大对农业机械化的财政支持。

中国农业机械化发展已经有几十年的基础，已经进入快速发展的成长期。不仅有加快发展的需要，而且具备了快速发展的能力。

 中国九大农产区

我国农业区划种类较多，其划分方法也不尽一致。根据农业生产条件、特征和发展方向、重大问题和关键措施及行政单位的完整性等原则，将全国划分为九个农业区，即东北农林区、内蒙古及长城沿线农林牧区、黄淮海农业区、黄土高原农林牧区、长江中下游农林养殖区、华南农林热作区、西南农林区、甘新农林牧区、青藏高原农林牧区。

（1）东北区。本区包括黑龙江、吉林、辽宁（除朝阳地区外）三省及内蒙古东北部大兴安岭地区共181个县（市），面积95.3万平方千米。土地、水和森林资源比较丰富，热量资源不够充足。由于纬度高，冬季严寒，无霜期由北至南80—180天，除辽南外，大部分地区只能一年一熟。北部地区6—8月的作物生长期内常出现低温冷害，造成减产。本区是我国人均粮食产量相对最多的地区，每个农业人口平均产粮801公斤，常年向国家提供大量商品粮和大豆。榨蚕茧产量占全国的60%左右。

本区平原广阔，土地肥沃，适宜发展种植业。三江平原、大小兴安岭两侧和松嫩平原北部，有大量的宜农荒地，是我国开荒扩耕的重点区。新中国成立后建立了大批国有农场，其耕地面积占全国国有农场的1/2，使"北大荒"变成了我国重要的商品粮基地。

（2）内蒙古及长城沿线区。本区包括内蒙古自治区包头以东地区（除大兴安岭地区外）、辽宁朝阳地区、河北承德和张家口地区、北京市延庆县、山西晋北和晋西北地区、陕西榆林地区沿长城各县、宁夏盐池和同心县等共130个县（旗、市）。

本区处于东部平原向蒙古高原、由半湿润向半干旱和干旱地区过渡的地带，雨量少而变率大，年降雨量从东南向西北递减，春旱严重，无霜期100—150天，农作物只能一年一熟，水热条件不够充足，而草原辽阔，农牧兼营。北部为牧区，中部为半农半牧区，南部为农区。

呼伦贝尔和锡林郭勒盟东部是我国优良的草甸草原，草原畜牧业在我国占有重要地位。进一步发展农牧业生产，必须合理利用和保护土地、草场资源，制止土地沙漠化的扩展，正确处理农牧矛盾，改变粗放经营和多灾低产状况。因地制宜地调整农牧业结构和布局，牧区实行以牧为主的方针，严格控制开荒；严格执行草原法，合理利用和保护草原；实行以草定畜和划区轮牧；选择水土条件较好地段，建立人工饲草饲料基地和各种良种牲畜（肉牛、肉乳兼用牛、细毛半细毛羊、肉用羊、良种马等）生产基地，提高出栏率和商品率。

（3）黄淮海区。本区位于长城以南、淮河以北、太行山和豫西山地以东，包括京、津、冀、鲁、豫、皖、苏的375个县（市），耕地3.36亿亩（居各农区之首）。

经过多年来的农业建设，黄淮海区的有效灌溉面积已占耕地的55%，耕地中的盐碱土地已有一半得到改良。生产条件的改善和农村政策的调整，促进了农业生产的发展。

（4）黄土高原区。本区位于太行山以西、青海日月山以东、伏牛山和秦岭以北、长城以南，包括冀、晋、豫、陕、甘、青、宁的227个县（市）。这是一个以旱杂粮生产为主、水土流失严重、产量不高不稳、亟待综合治理的地区。

国家和地方应共同采取综合措施，按流域防治水土流失，发展本区的农业生产。因地制宜地确定合理的土地利用方式，大搞种草造林，尽快提高牧业和林业的比重，实行农林牧综合发展。大力建设基本农田，变广种薄收为少种高产多收。

（5）长江中下游区。本区位于淮河—伏牛山以南，福州—英德—梧州—线以北，鄂西山地—雪峰山一线以东，包括豫、苏、皖、鄂、湘、沪、浙、赣、闽、粤、桂的544个县（市），是一个人多地少、水热资源丰富，农林渔比较发达、农业生产水平较高的地区。

本区应进一步发展农业生产，加强水利建设，根治洪涝渍旱灾害；用地养地相结合，改进耕作制度；科学开发利用丘陵山地，大力发展林牧副业；合理开发利用和保护淡水水域，积极发展水产业。

（6）西南区。本区位于秦岭以南，百色—新平—盈江一线以北、宜昌—

溆浦—线以西，川西高原以东，包括陕、甘、川、云、贵、鄂、湘、桂的432个县（市），是一个地处亚热带、以山地丘陵占优势的重要农林基地。

全区平均复种指数仅159%，云贵高原只有130%，粮食平均亩产较低，与其优越的自然条件不相称，具有较好的开发潜力。农业的进一步发展，必须大力发展灌溉，改变冬水田、望天田和雷响田比重大的局面；改造低产田地，提高复种指数；大力发展林牧业生产，改变山区贫困面貌。

（7）华南区。本区位于福州—大埔—英德—百色—新平—盈江一线以南，包括闽、粤、桂、滇的191个县，是我国唯一适宜发展热带作物的地区。

本区高温多雨，水热资源为全国之冠，四季常青，生物资源丰富，夏秋台风和冬季寒潮对水稻、香蕉、橡胶等常造成危害。本区山多田少，人多地少，近90%的面积是丘陵山地，宜农的平原盆地有限，森林覆盖率在30%以上。本区是甘蔗、香蕉、菠萝、荔枝、龙眼、柑橙等的主产区，橡胶的唯一产区，也是重要的水产品和蚕丝生产基地。

（8）甘新区。本区位于包头—盐池—天祝一线以西，祁连山—阿尔金山以北，包括新、甘、宁、蒙的131个县（旗、市），是一个国境线长、气候干旱、地广人稀、少数民族聚居、以依靠灌溉的绿洲农业和荒漠放牧业为主的地区。

本区光能资源丰富，热量条件大部分较好，晴天多，辐射强，作物生长期气温日较差大（大部分为12℃—16℃），但光、热、水、土资源配合上有较大缺陷。年降水普遍小于250毫米，其中1/2以上小于100毫米，不能满足农作物最低限度的水分需要。所幸高山和盆地相间分布，阿尔泰山、天山、昆仑山、祁连山等高山地区降水量比较丰富（有的年降水400—601毫米），在海拔3500米以上的高山区，广泛分布着永久积雪和现代冰川，成为高山区的固体水库，夏季则部分消融补给河流，成为山麓地带农田灌溉的主要水源。

(9) 青藏区。本区包括西藏自治区、青海省大部、甘肃的甘南自治州和天祝、肃南县、四川省西部、云南西北角共155个县（市），是我国重要的牧区和林区。

本区东部和南部以草甸为主，为优质牧场。牲畜以耐高寒的牦牛、藏绵羊和藏山羊为主。农作物以青稞、小麦、豌豆、马铃薯、油菜等耐寒性较强的农作物为主。东南部及东部有广阔的天然森林。树种以云杉、冷杉为主。本区的农业发展应以牧为主，农林牧并举，发展区内自给性的粮食生产。主要措施是：加速建设巩固草料生产基地，摆脱靠天养畜状态；提高牲畜质量，调整畜群结构；因地制宜发展种植业，建立区内商品粮基地；合理利用和保护森林资源。

知识链接

中国的粮仓：黑龙江

黑龙江省土地条件居全国之首，总耕地面积和可开发的土地后备资源均占全国 1/10 以上，人均耕地和农民人均经营耕地是全国平均水平的 3 倍左右。土壤有机质含量高于全国其他地区，黑土、黑钙土和草甸土等占耕地的 60% 以上，是世界著名的三大黑土带之一。黑龙江省盛产大豆、水稻、玉米、小麦、马铃薯等粮食作物以及甜菜、亚麻、烤烟等经济作物。草质优良、营养价值高，适于发展畜牧业。

循环的生态农业文明

"生态农业"一词最初由美国土壤学家威廉姆·阿尔伯卫奇于 1970 年提出。在国外生态农业又被称为自然农业、有机农业和生物农业等，其产品称为生态食品、健康食品、自然食品等。

1991 年 5 月，我国生态学家马世骏和边疆一些农业地区的领导者提出了中国生态农业的基本概念：在保护、改善农业生态环境的前提下，遵循生态学、生态经济学规律，运用系统工程方法和现代科学技术，集约化经营的农业发展模式。生态农业是一个农业生态经济复合系统，将农业生态系统同农业经济系统综合统一起来，达到生态和经济的良性循环及经济效益、生态效益和社会效益相统一。它是农、林、牧、副、渔各业综合起来的大农业，又是将农业生产、加工、销售综合起来，适应市场经济发展的现代农业。

与传统农业模式相比，生态农业的特点突出地表现在这样几个方面：

首先，运用生态学原理和系统科学方法对农业进行设计，因地制宜。采用生态技术，不会对生态环境造成破坏，有利于建设高效的农业生态系统和可持续发展的农业。

其次，生态农业是在良好的生态条件下从事高产量、高质量、高效益的"三高农业"，不仅仅着眼于当年效益，而是更多追求经济效益、社会效益和生态效益的有机统一，使整个农业生产步入可持续发展的良性循环。

中国银杉林

生态农业的这种生产方式能够最大限度地保护和利用好地球资源，把废弃物的排放减小到最低程度，甚至是"零污染"，使有限的资源进入生态系统无限循环利用的模式当中，进行自然机体正常的"新陈代谢"，能够极大地提高资源转化成产品的效率，从而建立一个综合发展、多极转化、良性循环的高效农业综合体。

简而言之，生态农业追求的目标就是在洁净的土地上，用洁净的生产方式生产洁净的食品，提高人们的健康水平，促进农业的可持续发展，把人类梦想的"青山、绿水、蓝天、生产出来的都是生态食品"变为现实。

生态农业并不排斥对化肥、农药、除草剂等化学物质的使用，它比较注重生态平衡，做到气、水、光综合利用，在施肥上看重有机肥料，在病虫防治上注重生物防害和综合防治，减少农药污染。

随着世界和中国经济的发展，环境和生态问题越来越严重，逐渐成为大家关注的焦点，食品卫生安全问题也随之而来，传统农业的发展模式面临困境，一场生态革命正席卷全球。同时也影响着作为农业大国的中国。

我国于 20 世纪 80 年代初开始提出把生态农业作为现代农业发展的新模式，并进行了广泛的实践。30 多年来的实践证明，我国生态农业建设和发展，对改善和保护农业生态环境，促进农业可持续发展，发挥了积极作用。

2014 年 12 月 23 日，中央农村工作会议在北京闭幕。会议把"转变农业发展方式"列为 2015 年五项经济工作主要任务之一，要求发展数量、质量并重，生态环境可持续的现代农业。据农业部公布的数据，当前我国已有国家级生态农业示范县 100 余个，带动省级生态农业示范县 500 多个，建成生态农业示范点 2000 多处，连续多年实施了 10 个循环农业示范市建设。农业环保和农村能源工作体系建设进入新阶段。已建成由 2 个国家站、33 个省级站、300 多个地级站和 1700 多个县级站组成的农业环保工作体系等，进行农业环境监测与管理、污染防治和农村能源生态建设等。

知识链接：

"稻田养蛙"

因为利益的驱动，一些人大肆捕捉青蛙，把青蛙卖到饭店做成佳肴，从中获取经济利益。因为青蛙的逐渐稀少，致使稻田害虫日渐猖獗，为了消灭害虫不得不使用越来越多的农药，这样一来，稻田的生态平衡也遭到破坏。针对上述的情况，农民用生态农业的观念，通过在稻田里养蛙护稻的方式来解决上述问题，实行"生物防治""返璞归真"，回归自然。

环保的绿色农业文明

绿色农业是一种新型健康环保型农业，发展绿色农业是践行可持续发展观的要求。休闲农业是经济发展和满足人们休闲需要下的产物，休闲农业已经成为了现代人休闲娱乐的一种潮流，发展休闲农业，不仅能使农业资源得到最大化利用，还能满足人们日益增长的娱乐需求。

我国绿色农业的概念于1981年首次提出，是指依照生态学原理和生态经济规律，在系统科学的思想和方法指导下，融现代科学技术与传统农业技术精华于一体而建立起来的生态合理、良性循环的可持续发展的农业体系。

它不同于西方的生态农业，不是西方生态农业概念的简单引入，而是借鉴了国外替代农业的各种形式，有着浓厚的传统有机农业背景和基础，并具有自己独特的发展过程。我国绿色农业主要通过优良品种培育和土壤改良，利用生态机制来寻求发展，把经济、社会和生态效益统一起来，大大降低对农药和化肥的依赖，是一种低投入的农业生产方式。中国绿色食品协会组织专家进行研究，所确定的绿色农业的概念为："绿色农业是指充分运用先进科学技术、先进工业装备和先进管理经验，以促进食品安全、生态安全、资源安全和提高农业综合经济效益的协调统一为目标，以倡导食品标准化为手段，推动人类社会和经济全面、协调、可持续发展的农业发展模式。"也有专家学者把绿色农业定义为："绿色农业是以促进食品安全、生态安全、资源安全和提高农业综合经济效益的协调统一为目标，以倡导食品标准化为手段的新型农业发展模式。"总体来看，绿色农业是符合可持续发展、保障食物安全、增强食品国际竞争力的要求，是能够代表当前社会发展需求、消费者需求、农业生产力需求的先进农业模式。

实际上，绿色农业是在总结传统农业、现代农业以及诸如有机农业、自然农业、生态农业、可持续农业等系列替代农业的成功经验和弊端的基础上，以维护和建设产地优良生态环境为基础，以产出安全、优质产品和保障人体健康为核心，以稳产、高产、高效，改善整体农业生态环境为目标，达到人与自然协调，实现生态环境效益、经济效益和社会效益相互促进的农、林、牧、渔、工 (加工) 综合发展的施行标准化生产的新型农业生产模式。

总之，绿色农业的绿色不仅仅指颜色的绿色，而是"安全"、是"生机盎然"、是"希望"、是"祥和"，绿色是自然之美，更是生命的色彩，绿色昭示着无限的生机与活力，一切从事有利于环境保护、有利于食品安全的这样一类农业生产都可以被认为是绿色农业。

近年来，随着人们的环保意识越来越强，绿色消费异军突起，消费者越来越青睐绿色食品，绿色食品不仅安全，而且还很环保。有些传统食品不仅质劣而且价高，于是传统食品逐渐走上了末路，绿色食品已经势不可挡。随着绿色食品的发展，绿色农业在我国和世界各地也都随之迅速发展，各国都显示出了一片勃勃生机的景象。

绿色农业关系国计民生。绿色象征着和平、和谐和生机，发展绿色农业，能够体现以人为本的科学发展观，不仅是建设现代农业的必由之路，而且也是实现农业可持续发展和农业生态系统平衡的根本途径。一方面，绿色农业产生的理论基础之一生态学和生态经济学，是遵循人与自然和谐共处的原则，把我国传统农业的精华与现代先进的科学技术有机地结合起来，使植物、动物与微生物融为一体，形成安全、优质、高效和良性循环的生产经营体系；另一方面，绿色农业涵盖了农、林、牧、渔业的生产、加工、流通、消费的全过程，涉及经济、生态、社会、文化等诸多领域。因此，绿色农业是个系统工程，它能体现以人为本的科学发展观和建立和谐社会的目标。由于我国人口多、底子薄、资源与环境压力大，发展绿色农业具有特殊的历史与现实意义。表现在：

1. 绿色农业将促进可持续发展

由于我国人口压力大和不适当的开发，农业的生态环境长期处于超负荷状态，造成基础脆弱、后劲不足、抗灾能力下降，农业成为国民经济中最薄弱的环节。农业生态环境恶化，包括水土流失和荒漠化、草原超载和过度放牧引起的"三化" (沙化、退化、碱化)、工业"三废" (废水、废气、废渣) 污染、农业本身的点面源污染等，成为可持续发展的重大障碍。推行绿色农业就是要把保护资源与改善生态环境放在首位，消除这些障碍因素，为真正走上可持续发展道路创造条件，使绿色农业成为资源节约型、环境友好型农业。

2. 绿色农业将推动小康社会全面建设

小康社会的重点在农村，难点也在农村，没有农村的小康，就不可能有全国人民的小康。在农村建设小康社会，就是要在统筹城乡经济发展的前提下，解决好"三农"问题，也就是要建设现代农业，发展农村经济，增加农民收入。没有农业的现代化，就不可能实现全国的现代化，而建设现代农业必须是以绿色农业为前提，不能是以牺牲资源与环境为代价的现代农业。

发展农村经济主要是通过延长农业的生产链，由生产初级产品经过加工变成最终产品，形成生产、加工、销售"三位一体"的产业化经营模式，而食品的生产又是农业产业化经营的基础，通过推进农业产业化经营，使农业提高劳动生产率和增值效益，吸纳农业劳动力，增加农民收入，这是全面建设小康社会的物质基础。绿色农业通过促进农业生产、加工、销售的一体化 (包括建设绿色生产基地、兴办绿色加工企业、建立绿色流通的通道等) 提高农产加工率和加工业产值与农业产值的比率，加速农村工业化进程，从而为实现全面建设小康社会的目标奠定良好的基础。

3. 绿色农业将增强农业安全

农业安全包括粮食安全、食品安全和生态安全三项内容。粮食与食品安全既要有数量的保证，能够满足城乡居民不断增长的需求，更要有质量的保证，包括目前正在推行的无公害食品、绿色食品和有机食品；生态安全主要是消灭农业的"生态赤字"，实现农业的"生态平衡"。绿色农业就是要在改善生态环境的基础上，使粮食和食品生产的全过程实现"三个零"：即零公害、零污染、零废弃物。

4. 绿色农业将促进科教兴农

农业问题最终要依靠科技进步与提高农民素质来解决。近年来，科技进步对农业的快速发展起到了关键作用，但目前农业的科技贡献率还不高，农业科技成果转化率很低，农业资源浪费大，土地、水、肥料等重要生产要素的流失严重，基本上处于传统农业的状态。推行绿色农业，就是要进一步把传统农业转为可持续发展的现代农业，即把农业转移到依靠科技进步与提高劳动者素质的轨道上来。

5. 绿色农业促进农业的功能多元化

发展绿色农业，必将促进农业功能由单一的物质生产功能转变为多元化的功能。一是经济功能，以满足人民物质需要为主要目标。二是生态功能，除了农业和农村要有良好的生态环境外，还要为城市提供绿色的生态屏障。三是保健功能，除了生产安全而又有营养的食品外，还要发展中草药，为提高城乡人民健康水平提供保证。四是能源功能，使微生物-植物-动物融为一体，利用微生物发酵使人畜粪便、农作物秸秆和生活垃圾产生沼气，为农民提供生活能源，改善农村生活环境、提高农民生活质量；同时调整种植业结构，发展能源作物 (如甘蔗、甜高粱、木薯、玉米、甘薯等)，生产生物柴油，提供可再生的生物质能源，为补充、调整以石油能源为主的能源结构开辟新途径。五是文化功能，满足城乡居民精神生活的需求，包括旅游农业、观光农业、休闲农业、度假农业等，如各地出现的"农家乐"等，为人们体验绿色农业的优越性提供方便。

除此之外，我国是发展中的大国，不仅进出口贸易占的比重相当大，而且环境问题在国际上日益受到广泛关注，我国发展绿色农业还具有国际意义。

知识链接

"农立方"

"农立方"是指农业工厂化立体循环生产系统与传统种植业连接，可以在各产业育苗和生产上得以充分利用并促其快速升级。"农立方"不仅实现了立体化的种植、养殖，而且构建了一个完整的生态循环链条。"农立方"改变了传统农业生产受时间和空间制约的基本特征，能够循环生产，实现高产出、低成本、高效益，展示了循环、高效、立体、节能、节水、节地、绿色和环保的现代系统农业建设模式，代表未来永续性农业的发展方向。

新型的休闲农业文明

休闲农业的出现虽然很早，它兴起于20世纪60年代初的发达国家，而后在全世界迅速发展的农业，但由于各国学者、专家和组织对休闲农业的理解和认识不同，至今还没有给它一个统一的定义。在发达国家，休闲农业称为农业旅游或乡村旅游；在东亚地区，称为农业观光。根据各学者、专家、组织的理解，休闲农业主要有以下几种定义：

（1）休闲农业指利用田园景观、自然生态及环境资源，结合农林渔牧生产、农业经营活动、农村及农家生活，提供人们休闲，增进人们对农业及农村的体验为目的的农业经营。

（2）休闲农业是指在一个农村聚落集团中，同时包含森林游乐、观光农园、垂钓抓捕、教育农园、乡土文物、民俗技艺及民宿农庄等综合类型的休闲活动者，即为休闲农业。以农村丰富的景观资源，满足社会大众游憩娱乐的需求者，即为休闲农业。

（3）休闲农业是在农业革命下发展的新兴事业，其目的是为达成农业的生产、生活与生态三位一体的功能，利用农业经营活动、农村设备、农村空闲、农业自然环境及农业人文资源，经过周密的规划设计，成为一个休闲游憩理想园区，以发挥农业生产、生态平衡与农村休闲旅游的效果，创造市民体验农业与农村的机会，借由市民对农业及农民的关心及支持，以达到提高农民收益与促进农村繁荣的目标。

（4）休闲农业在刚开始兴起的时候并没有具体内涵和定义，当时凡是在农业初级生产过程中，带入一些非农业活动，不论是商业性质的，还是教育性质的或者一些其他活动，只要能提供休闲活动的都叫休闲农业。

（5）休闲农业主要指结合农业和农村等有形资源和这些有形资源背后所覆盖的休闲观光、教育体验和经营管理能力等无形资源所形成的一种新兴休闲服务产业。

（6）休闲农业是指利用农村自然环境、景观、生态、农村设备、农村空间、农特产品及文化资源等，经过规划设计，以发挥农业与农村观光休闲旅游功能，增进市民对于农业与农村田园生活的体验。

（7）休闲农业是一种运用农村自然生态、人文环境为资源，经过特殊的设计规划与经营管理，提供一般大众充满农业特色的休闲活动机会与场所的农业经营方式。

（8）休闲农业是一种以农业活动为基体，将农业和旅游相结合的一种新型产业，也是以农业生产为依托，与现代旅游业相结合的一种高效农业。休闲农业的基本属性是以充分开发具有观光、旅游价值的农业资源和农业产品为前提，把农业生产、科技应用、艺术加工和游客参加农事活动等融为一体，供游客领略在其他风景名胜地欣赏不到的大自然浓厚意趣和现代化的新型农业艺术的一种农业旅游活动。

还有人把休闲农业称为旅游农业。旅游农业可以解释为，在一定的社会经济条件下，人们进行与农业活动有关的，以观光、观赏、品尝、疗养、消遣、探奇、游乐、健身、求知等为主要目的的非定居旅行而引发的一切现象和关系的总和，是与旅游相结合的一种消遣性农事活动。农民利用当地的自然条件开辟活动场所，提供生活设施，招揽游客，以增加收入。

旅游活动的内容除游览风景外，还有林间狩猎、水面垂钓、采摘果实等农事活动。旅游农业应该是围绕旅游办农业。也就是说，它应该是为旅游提供产品和服务的，它的生产特点应是生态性的，以保护生态平衡为基础；它的产品特点应是民族性的，以弘扬传统文化为卖点；它的经营定位应是服务性的，以游客需要定模式。

在我国，一些专家和学者给予乡村旅游比较一致的观点是：拥有土地农民是经营主体，以农民所拥有的土地、房屋、田间作物和地方资源为特色，以为来娱乐休闲的人服务为经营手段的农村家庭经营方式，但是这实际上只是一种"农家乐"的概念。

还有一些人认为乡村旅游是指以农村为活动场所，以乡村田园风光、森林景观、农林生产经营活动、乡村自然生态环境和社会文化风俗为吸引物，以都市居民为目标市场，以领略农村乡野风光、体验农事生产劳作、了解风土民俗和回归自然为特征的一种旅游活动。实际上，休闲农业、旅游农业和乡村旅游是等同的概念。

内地观光休闲农业发展较晚。自改革开放以来，城市居民的生活消费不再仅仅满足于衣食住行，而是开始转向多样化的文化娱乐，特别是北京、上海、广州、深圳、成都、武汉等地城市化发展迅速，每逢双休日，城市公园绿地和风景区人满为患，无法满足城市居民基本的休闲需求，人们被迫转到城郊、乡村寻求新的休闲空间，因而产生了回归自然、向往田园之乐的强烈欲望。市场需求为休闲农业的发展提供了强大的驱动力。

知识链接：

台湾休闲农园

我国台湾地区从 20 世纪 60 年代末期农业开始萎缩，农政单位便积极致力于改善农业结构，寻求新的农业经营方式，实现农业发展新的增长点。有识之士便开始酝酿利用农业资源吸引有闲人士前去消费，从享受田园之乐中促销食品，于是农业与休闲结合的构想便应运而生。台湾地区的休闲农业吸引休闲人士的方式多种多样。如提供 DIY 体验活动。苗栗县卓兰镇的休闲农园里设有戏水、划船、烤肉、踏青、度假和原野训练等项目活动。

 健康的有机农业文明

有机农业是指在农业生产中按照生态学原理和自然规律，遵循土壤、动植物、微生物、人类、生态系统和环境之间动态相互作用的原则，协调种植业和养殖业的平衡，在生产中禁止采用基因工程获得的生物及其产物，不使用化学合成的农药、化肥、生长调节剂、饲料添加剂等物质，主张采用一系列可持续发展的农业技术，维持持续稳定的农业生产过程。

这些技术包括选用抗性作物品种，建立包括豆科植物在内的作物轮作体系，利用秸秆还田、施用绿肥和动物粪便等措施培肥土壤，保持养分循环，采取物理的和生物的等替代措施防治病虫草害，采用合理的耕作措施，保护生态环境，防止水土流失，保持生产体系及周围环境的生物多样性和基因多样性等。有机农业核心是建立和恢复农业生态系统的生物多样性和良性循环，以促进农业的可持续发展。

有机农业有五大特征：第一，耕作与自然的结合；第二，遵循自然规律和生态学原理；第三，协调种植业和养殖业的平衡；第四，禁止基因工程获得的生物及产物；第五，禁止使用人工合成物质。

有机农产品

有机农业下的有机食品也有着严格的标准。

首先，原料来自于有机农业生产体系或野生天然产品；

其次，产品在整个生产加工过程中必须严格遵守有机食品的加工、包装、贮藏、运输要求；

再次，生产者在有机食品的生产、流通过程中有完善的追踪体系和完整的生产、销售档案；

最后，必须通过独立的有机食品认证机构的认证。

与常规农业生产方式相比，有机农业生产方式有三个显著特点：一是在技术路线上，强调传统农业农艺技术的应用，如尽可能地依靠有机肥料、作物轮作、种植豆科作物培养地力，运用生物技术控制作物病虫害，保持生态系统内的生物多样性等。二是生产、加工过程有一系列的标准，以此约束和规范生产者行为，并为检查、认证、监督提供基本依据，也为产品进入市场创造必要的条件。三是按照一定的程序开展认证活动，一方面是为了使生产者与消费者建立相互信赖的关系；另一方面也是为了标识这种生产方式及其产品的内在价值和品质。

有机农业的发展经历了一段相当长的历史时期。虽然在 20 世纪 20 年代就提出有机农业的概念，但直到 1940 年英国植物病理学家 Howard 写成《农业圣典》一书，有机农业才真正走近人们的日常生活。该书在总结和研究中国传统农业的基础上，积极倡导发展有机农业，为人类生产安全健康的有机食品。到 20 世纪 80 年代，随着现代农业发展所导致的问题越来越多，人们也越来越关注和担忧环境和食品安全问题。国际上和部分发达国家相继制定有机生产标准，并鼓励农民从常规农业生产向有机农业生产转换。

从世界范围看，目前有机农业的发展速度非常快，而且销售潜力相当可观，但不同地区发展状况极不平衡。多数发展中国家由于还在解决温饱问题，有机农业发展相对较慢；而在众多发达国家，由于人们对这个问题认识较早、投入力度大，再加上国家给予相关政策支持和鼓励农民进行有机农业生产，因此在欧美及日本等国发展得比较快。

在我国，有机农业已经受到了政府的广泛重视，并且这种重视还将继续下去。我国已经有不少省份开始鼓励有机农业，对有机农业和有机产品进行鼓励和补助，一方面宣传有机农业对生态的重要性；另一方面加大投资力度，多管齐下，推动有机农业发展。

有机食品不但对生态保护具有重要作用，它本身也是安全优质的，所以有机食品在近年的消费需求一直呈上升态势，超市、大型连锁零售业和大型菜市场等主流销售渠道都已经提供有机食品销售了，有机食品势在必行。

我国对有机农业开发的脚步还在继续，我国已经把有机农业看作是提高食品安全和生物多样性和促进可持续发展的一条必不可少的途径，把有机农业列为了16项国家重点研究和发展的领域，各地政府和科研机构都把有机农业和有机食品作为重点研究项目。

虽然有机农业在各国均有发展，但是有机农业的发展状况和有机食品市场仍然是不平衡的，并在一定的时间内这种不平衡还将继续保持下去，欧美发达国家将继续主导有机食品的市场，有机食品在国际贸易中的各种壁垒将会长期存在。所以，发展中国家在向欧美市场出口有机食品的同时，更要发展国内市场，并将国内市场作为发展有机农业和有机食品的动力和港湾。

 多样化的低碳农业文明

低碳是现代社会发展的必然要求，低碳农业是整个社会低碳的一个不可缺少的方面。循环农业是在低碳的呼吁下产生的，只有做到各种农业资源的循环使用，才能在最大程度上实现农业的低碳。只有实现农业的低碳，保护环境，发展环境友好型农业才不会是一张空头支票。大自然应该是五彩缤纷的，农业应该是活力四射的。我们在恢复农业原本的色彩——绿色的基础上，为它抹上跃动的白色和希望的蓝色。

白色农业是指微生物资源产业化的工业型新农业。发展白色农业，为保护生态环境与实现农业的可持续发展开天辟地。通过微生物可以把农作物秸秆、农业废弃物转变成优质的微生物肥料。微生物肥料可活化土壤中难以利用的营养元素，提高土壤养分供应能力和保水、保肥能力，提高土地资源的持续生产能力，还能增强农作物抗病性，减少农药施用量。白色农业的微生物生态环保剂，可直接消除水、土壤和空气中的有害化学物质，消除污染，提高资源利用率。

蓝色农业即海洋生物农业，是以海洋水生和浮游生物为资源进行综合利用的农业。蓝色农业的重点是水产生产农牧化，即海水养殖业。如果利用近海自然生长的藻类植物和浮游生物开发加工成食物，则可养活 300 亿人，相当于目前地球总人口的 5 倍。

白色农业和蓝色农业都有一个共同的名字——低碳农业。低碳农业技术是指低能耗、低污染、低排放和高碳汇的"三低一高"技术。

首先，要求尽可能地减少各种资源的消耗和人力、物力、财力的投入，降低农业温室气体排放，提高森林和土壤碳汇；其次，低碳农业是安全型、环保型的技术，能够最大限度地保障食品的产前、产中、产后全程安全和农业生态环境的安全。据联合国粮农组织估计，生态农业系统可以抵消掉 80%的因农业导致的全球温室气体排放量。无需生产工业化肥，每年可为世界节省 1%的石油能源，不再把这些化肥用在土地上，还能降低 30%的农业排放。同时，退耕还林还草，减免耕、秸秆还田等保护性耕作的生态农业方式，能极大地增加农业的碳储量，改善生态环境，减缓气候变化的影响。

我国是一个典型的贫水国，人均淡水资源拥有量只有 2300 平方米，每年农业缺水 300 多亿立方米。人均耕地也十分有限，部分省市的人均耕地已接近或低于联合国规定的危险点。在农业水土资源不足的同时，农业旱涝灾害时有发生。农业发展面临的这些问题与困难表明，传统农业的发展面临严峻挑战，需要用更新的经济原理与方法去解决。

尽管我国农业发展仍面临很多突出问题和制约因素，我们都有足够的理由得出结论，我国农业发展已经进入一个支持循环经济全面启动、稳步发展的新阶段。当前我国农业发展面临的上述问题和困难，正是新阶段我国农业发展的突破口，也是我国农业循环经济起步发展的切入点和主攻方向。循环经济以资源节约和循环高效利用为基本特征，可以有效解决农业发展面临的问题与困难。

传统农村生产生活中的节地、节水、节肥、节电、节柴等，只要是可以降低生产成本、保护生态环境、增强土壤固碳能力、减少温室气体排放的，都属于传统农业中的有效而现实的减碳形式。低碳农业与传统农业的区别在于，低碳农业以现代生态农业和农业循环经济为特征，降低了农业发展对生态系统的影响。据联合国粮农组织估计，生态农业系统可以抵消掉80%的因农业导致的全球温室气体排放量。不再生产工业化肥每年可为世界节省1%的石油能源，不再把化肥用在土地上还能降低30%的农业排放。

近年来，低碳生态农业经济模式被我国广大农村采用。如2002年农业部推广的十大类型生态农业模式:南方"猪—沼—果"生态模式和配套技术；北方"四位一体"生态模式及配套技术；平原农林牧复合生态模式和配套技术；丘陵山区小流域综合治理模式和配套技术；草地生态恢复与持续利用生态模式和配套技术；生态种植模式和配套技术；生态畜牧业生产模式和配套技术；生态渔业模式和配套技术；设施生态农业模式；观光生态农业模式。这些模式和配套技术，具有低能耗、低排放和低污染的特征，促进了生态环境修复和农民增收。

例如，中部地区的江西是一个农业资源丰富省份，从20世纪80年代开始实施"山江湖"工程，生态农业的形式多种多样，其中"猪—沼—果"生态模式在全国具有典型意义，在技术路线上有一个共同点，即从解决农村生活能源入手，变革传统的农业生产方式，发展以沼气为纽带的生态农业。

以沼气池的建设为纽带，把种植业、林果业、畜牧业、水产业和加工服务业这几个不同的生态子系统联系起来，建立了一个以沼气为纽带的大农业循环体系。如在水果产区形成"猪—沼—果"生态农业模式；在鄱阳湖水产区形成"猪—沼—鱼"模式；在城市郊区形成"猪—沼—菜"模式；在粮食产区形成"猪—沼—粮"模式等。沼气将种植业与养殖业连为一体，带动了养殖业的发展，促进了无公害农产品的生产，形成了能流、物流和农业生产内部的良性循环，推进了农业产业结构的调整与升级。以沼气为纽带的生态农业对节约资源，改善生态环境的作用显著，昔日"山光、田瘦、人穷"的荒凉山村，呈现出"山青、水绿、人富"的喜人景象。

低碳农业科技入户工程的实施，以发展绿色有机食品产业基地建设为主要战略，提升农产品优质化水平，大力推进测土配方精准施肥、生物防治病虫害等实用技术，引导农民使用有机肥，尽量降低种植成本，减少面源污染，更是有力地推进了低碳农业的发展。随着实践的深入，一些新的模式日渐形成，并且以"减量化、再利用、再循环"为特点。

 扩展阅读　杂交水稻之父——袁隆平

袁隆平，1930 年 9 月 7 日生于北京，汉族，江西省九江市德安县人，中国杂交水稻育种专家，被称为中国的"杂交水稻之父"，中国工程院院士。现任中国人民政治协商会议第十二届全国委员会常务委员，湖南省政协副主席，湖南省科协副主席。国家杂交水稻工程技术研究中心主任暨湖南杂交水稻研究中心主任、西南大学农学与生物科技学院名誉院长、湖南农业大学农学院教授、中国农业大学客座教授、怀化职业技术学院名誉院长、湖南生物机电职业技术学院名誉院长、联合国粮农组织首席顾问、世界华人健康饮食协会荣誉主席。

2006年4月，当选美国国家科学院外籍院士，2010年荣获澳门科技大学荣誉博士学位，2011年获得马哈蒂尔科学奖。

2014年1月3日，袁隆平团队回应转基因水稻研究，尚未用于实践。挪威议员提名中国著名杂交水稻育种专家、印度遗传学家和巴基斯坦人权活动家角逐2014年度诺贝尔和平奖。

1960年，30岁的袁隆平根据一些报道了解到杂交高粱、杂交玉米、无籽西瓜等，都已广泛应用于中外农作物生产中。他便开始进行水稻的有性杂交试验。7月，在安江农校实习农场早稻田中，发现"鹤立鸡群"的特异稻株。

1961年春天，他把这株变异株的种子播到创业试验田里，结果证明了1960年发现的那个"鹤立鸡群"的植株，是"天然杂交稻"。面对当时严重饥荒，立志用农业科学技术击败饥饿威胁，从事水稻雄性不育试验。之后，中国首次发现，经人工授粉，孕育了数百粒第一代雄性不育材料的种子。1966年2月28日，发表第一篇论文《水稻的雄性不孕性》，刊登在中国科学院主编的《科学通报》半月刊第17卷第4期上。

1970年11月23日，在袁隆平关于"把杂交育种材料亲缘关系尽量拉大，用一种远缘的野生稻与栽培稻进行杂交"的构想指导下，助手李必湖和冯克珊在海南岛南红农场找到"野败"，为籼型杂交稻三系配套打开了突破口。

1971年春，湖南省农业科学院成立杂交稻研究协作组，袁隆平调入省农业科学院杂交稻研究协作组工作。1972年3月，国家科委把杂交稻列为中国重点科研项目，组织中国协作攻关。袁隆平将"野败"材料分发到中国10多个省、市的30多个科研单位，用了上千个品种与"野败"进行了上万次测交和回交转育的试验，扩大了选择概率，加快了三系配套进程。

1972 年，袁隆平选育成了中国第一个应用于生产的不育系二九南 1 号。1973 年，协作组通过测交找到了恢复系，攻克了"三系"配套难关。10 月，袁隆平在苏州召开的水稻科研会议上发表了《利用"野败"选育三系的进展》的论文，正式宣告中国籼型杂交水稻"三系"已经配套。从 1965—1973 年，8 年历经磨难的"过五关"（提高雄性不育率关、三系配套关、育性稳定关、杂交优势关、繁殖制种关），到 1974 年配制种子成功，并组织了优势鉴定。1975 年又在湖南省委、省政府的支持下，获大面积制种成功，为次年大面积推广作好了种子准备，使该项研究成果进入大面积推广阶段。

1975 年冬，国务院作出了迅速扩大试种和大量推广杂交水稻的决定，国家投入了大量人力、物力、财力，一年二代地进行繁殖制种，以最快的速度推广。1976 年定点示范 208 万亩，在中国范围开始应用于生产，到 1988 年中国杂交稻面积 1.94 亿亩，占水稻面积的 39.6%，而总产量占 18.5%。10 年中国累计种植杂交稻面积 12.56 亿亩，累计增产稻谷 1000 亿公斤以上，增加总产值 280 亿元，取得了巨大的经济效益和社会效益。群众交口称誉靠两"平"解决了吃饭问题，一靠党中央政策的高水平，二靠袁隆平的杂交稻，人们用朴实的语言，说出了亿万中国农民的心里话。

1974 年，袁隆平育成了中国第一个强优势杂交组合"南优 2 号"。在安江农校试种，667 平方米产量 628 公斤。翌年作晚稻栽培 1.33 公顷，667 平方米产量 511 公斤。攻克了"优势关"。

1975 年，袁隆平攻克了"制种关"，摸索总结制种技术成功。

1975 年 12 月中旬，华国锋指示：第一，中央拿出 150 万元人民币支持杂交水稻推广，给广东购买 15 部解放牌汽车，装备一个车队，运输"南繁"种子；第二，由农业部主持立即在广州召开南方 13 省（区）杂交水稻生产会议，部署加速推广杂交水稻。

1976 年，杂交水稻绿遍神州。中国推广杂交水稻 208 万亩，增产幅度普遍在 20%以上。中国的粮食产量实现了一次飞跃。

1979 年 4 月，首次出席菲律宾国际水稻研究所召开的科研会议，会上宣读他用英文写的《中国杂交水稻育种》的论文并即席答辩，与会者一致公认中国杂交水稻研究处于领先地位。

随着杂交水稻在世界各国试验试种，杂交水稻已引起世界范围的关注。自 1981 年袁隆平的杂交水稻成果在中国获得新中国成立以来第一个特等发明奖之后，在 1985—1988 年的短短 4 年内，其又连续荣获了 3 个国际性科学大奖。国际友人称颂这位"当代神农氏"培育的杂交水稻是中国继指南针、火药、造纸和活字印刷之后，对人类作出的"第五大贡献"。

第二章

突飞猛进
——改革开放的现代经济文明

　　文明的行为从经济活动开始,文明的结果体现在经济活动中。没有文明的经济活动,就没有文明的物质;没有物质的不断丰富,就没有政治文明、文化文明,就没有整个社会的文明进步。自新中国建立至今,尤其是从十一届三中全会开始,中国经济像东方苏醒的巨龙,呈现出势不可当的趋势。中国经济以改革开放为契机,立足中国,走向世界。

改革开放全面展开

1982 年 9 月 1 日至 11 日，中国共产党第十二次全国代表大会在北京召开。邓小平提出，"把马克思主义的普遍真理同我国的具体实际结合起来，走自己的道路，建设有中国特色的社会主义"。这是总结党的长期历史经验得出的基本经验和结论。

中共十二大提出，中国共产党在新的历史时期的总任务是：领导和团结全国各族人民，自力更生，艰苦奋斗，逐步实现工业、农业、国防和科学技术现代化，把我国建设成为高度文明、高度民主的社会主义国家。报告进一步提出了国内工农业生产总值在本世纪末"翻两番"的奋斗目标，即由 1980 年的 7100 亿元增加到 2000 年的 2.8 万亿元左右，人民的物质文化生活达到小康水平。

大会还制定并通过了新的党章。新党章规定，党中央不设主席，只设总书记。大会选举了以胡耀邦为总书记的新的中央委员会、以邓小平为主任的中央顾问委员会及以陈云为第一书记的中央纪律检查委员会，邓小平是这一代中央领导集体的核心。大会提出要努力建设高度的社会主义精神文明和高度的社会主义民主，强调建设社会主义的物质文明和精神文明，都要靠发展社会主义民主来保证。社会主义民主建设必须同社会主义法制建设紧密地结合起来，使社会主义民主制度化、法律化。

1982 年 11 月至 12 月召开的第五届全国人大第五次会议，完成了修改

《中华人民共和国宪法》的工作。1982 年《宪法》被普遍认为是我国历史上最好的一部宪法。它的内容更加完备，而且把"四项基本原则"作为一个不可分割的整体写入了《宪法》。在 1983 年 6 月召开的第六届全国人大第一次会议上，选举李先念为国家主席，彭真为全国人大常委会委员长，决定赵紫阳为国务院总理。

中共十二大以后，经济体制改革全面展开。农村的家庭联产承包责任制迅速推向全国，随着农村经济发展，大批富余劳动力逐渐从土地上转移出来，从事工业和加工业，使乡镇企业异军突起。到 1987 年，全国乡镇企业发展到 1700 多万个，从业人员 8000 多万人，产值达到 4000 多亿元，占农村社会总产值的 50.4%，第一次超过农业总产值，成为农村经济的龙头，给农村经济的发展注入了新的生机和活力。

1984 年 10 月，中共十二届三中全会通过《关于经济体制改革的决定》。《决定》突破把计划经济同商品经济对立起来的观点，指出我国社会主义经济是在公有制基础上的有计划的商品经济。充分发展商品经济，是社会经济发展不可逾越的阶段，是实现现代化的必要条件。《决定》总结了新中国成立以来特别是十一届三中全会以来经济体制改革的经验，比较系统地提出和阐明了经济体制改革中的一系列重大理论和实践问题。《决定》的作出和实施，使经济体制改革以城市为重点全面展开，政企分开，利改税等措施使经济也出现了活跃局面。科技和教育体制的改革也开始展开。1985年，中共中央作出《关于科学技术体制改革的决定》和《关于教育体制改革的决定》。1986 年，全国人大通过《中华人民共和国义务教育法》。

在继续推进城乡改革的同时，对外开放也进一步扩大。1988 年 4 月建立海南省，将全海南岛辟为经济特区。1984 年初，邓小平视察深圳、珠海、厦门等地，对经济特区的发展给予充分肯定。5 月，中共中央决定进一步开放天津、上海、大连、秦皇岛、烟台、青岛、连云港、南通、宁波、温州、

福州、广州、湛江、北海 14 个沿海港口城市。1985 年，决定把长江三角洲、珠江三角洲、闽南厦门、泉州、漳州三角地区开辟为沿海经济开放区。

这样，就逐步形成了"经济特区—沿海开放城市—沿海经济开放区—内地"这样一个多层次、有重点、点面结合的对外开放格局，在引进外资、先进技术和设备以及提高出口创汇能力方面取得显著成效。到 1987 年，全国累计签订利用外资协议 (合同) 项目 1 万多项，累计协议金额 600 多亿美元。

知识链接

深圳速度

"时间就是金钱，效率就是生命。"这是 25 年前竖立在深圳蛇口工业大道路口的标语牌。在当时，这个口号震动了全国，"深圳速度"也第一次出现在世人面前。1984 年，高 160 米、共 53 层的国贸大厦仅用了 14 个月就建成竣工，创造了 3 天一层楼的奇迹，让世人见证了"深圳速度"；25 年，一个小渔村，像孙悟空似的摇身一变，成了国际化大都市。接下来，是"浦东奇迹""无锡传奇""速度传奇"如雨后春笋般层出不穷。与此同时，我国的经济发展水平，尤其是增长速度，更为世界所瞩目。

市场经济体制改革

古老的中国道不尽的繁华与沧桑。自新中国成立以来，中国的经济持续高速增长，最根本的原因是中国选择了市场经济，走上市场化改革之路。

放眼世界，市场化体制的发展中国家很多，为什么中国的市场化改革能在短短30多年里取得如此突出的成绩呢？这一切都在于中国走出了一个具有特色的市场经济发展模式。

高度集中的计划经济体制是中国当时内外部环境及条件的必然选择，但其本身暴露出来的问题必然引发变革。但是，在人们的传统观念中，市场经济又是始终与资本主义联系在一起的。把市场经济与社会主义结合起来，这是一个前所未有的艰难课题。

在国内外转型问题研究上影响很大的雅诺什·科尔奈有个著名的论断：经济体制不像超市，不能保证得到计划与市场两个世界的最好部分而拼凑起来装入一个篮子里，他认为经济体制是不可分割、不可相互替代的，只能作为一个整体。

其实，把计划和市场最好的部分"装入一个篮子里"正是中国经济转型目标模式的精髓所在。社会主义可以实行市场经济，是我国多年来理论探索的宝贵成果。由于深受前苏联的社会主义政治经济学理论影响，中国在过去很长一个时期内，认为计划经济等于社会主义，而商品经济等于资本主义。毛泽东在20世纪50年代末60年代初第一次对社会主义商品生产和资本主义商品生产的根本区别进行了阐述，解决了社会主义商品生产存在的条件、范围、作用等重要理论问题。

党的十一届三中全会以后，中国在经济体制转轨过程中遇到的核心问题还是如何认识和处理计划与市场的关系。邓小平深刻分析世界经济发展历史和新情况新特点，提出了社会主义可以实行市场经济的思想，为创立中国特色社会主义经济理论做出了重大贡献。

早在1979年11日，邓小平同志就指出："说市场经济只存在于资本主义社会，只有资本主义的市场经济，这肯定是不正确的。社会主义为什么不可以搞市场经济，这个不能说是资本主义。""社会主义也可以搞市场经济。"尽管当时还是讲计划经济为主，但毕竟把市场经济同社会主义联系了起来，承认和肯定了市场经济在社会主义制度下存在的必要性和有益性，对于理论探索和改革进程起到了极为重要的推动作用。

1984年，党的十二届三中全会通过的《中共中央关于经济体制改革的决定》，提出了社会主义经济是"公有制基础上的有计划的商品经济"的论断。邓小平同志高度评价这个决定是"马克思主义基本原理和中国社会主义实践相结合的政治经济学"，并把这个决定称为"纲领性文件"。

1985年，邓小平同志又鲜明地指出："社会主义和市场经济之间不存在根本矛盾。""多年的经验表明，要发展生产力，靠过去的经济体制不能解决问题。所以，我们吸收资本主义中一些有用的方法来发展生产力。现在看得很清楚，实行对外开放政

计划经济所用粮票

策，搞计划经济和市场经济相结合，进行一系列的体制改革，这个路子是对的。"

1987年，党的十三大召开前，邓小平同志进一步指出："计划和市场都是方法嘛。只要对发展生产力有好处，就可以利用。它为社会主义服务，就是社会主义的；为资本主义服务，就是资本主义的。"

党的十三大报告明确了社会主义有计划商品经济的体制，且应该是计划与市场内在统一的体制，强调计划与市场的作用都是覆盖全社会的，不再提以计划经济为主。十三届四中全会后，提出建立适应有计划商品经济

发展的计划经济与市场调节相结合的经济体制和运行机制。

1990年底，邓小平指出："我们必须从理论上搞懂，资本主义与社会主义的区分不在于是计划还是市场这样的问题。社会主义也有市场经济，资本主义也有计划控制。资本主义就没有控制，就那么自由？最惠国待遇也是控制嘛！不要以为搞点市场经济就是走资本主义道路，不是那么回事。计划和市场都得要。不搞市场，连世界上的信息都不知道，是自甘落后。"

1992年年初，邓小平同志在南方谈话中，更加明确地指出："计划多一点，还是市场多一点，不是社会主义与资本主义的本质区别。计划经济不等于社会主义，资本主义也有计划；市场经济不等于资本主义，社会主义也有市场。计划和市场都是经济手段。"这就对社会主义可不可以实行市场经济这个长期争论不已、阻碍我们前进的问题，作了一个清楚、透彻、精辟的总回答，从根本上解除了把计划经济视为社会主义制度基本特征，把市场经济当作资本主义特有东西的思想束缚，使我们在计划与市场关系问题上的认识有了新的重大突破。

 ## "共同致富" 的思想

邓小平早就指出："共同致富，我们从改革一开始就讲，将来总有一天要成为中心课题。社会主义不是少数人富起来、大多数人穷，不是那个样子。社会主义最大的优越性就是共同富裕，这是体现社会主义本质的一个东西。如果搞两极分化，情况就不同了，民族矛盾、区域间矛盾、阶级矛盾都会发展，相应地中央和地方的矛盾也会发展，就可能出乱子。"事实上也是如此。我们看到一些国家进入工业化中期阶段和中等收入国家行列后，没有处理好经济增长和收入分配的关系，结果社会矛盾激化、现代化进程受阻，这方面的深刻教训值得吸取。当前，我国地区之间、城乡之间、各社会阶层之间，乃至不同行业之间存在的不协调和不平衡问题，说到底还是收入分配带来的利益差异和矛盾。

自改革开放以来，中国收入分配领域的改革不断取得新突破，中国特色社会主义收入分配理论创新也不断取得新的进展。党的十四大提出，要以按劳分配为主体，其他分配方式为补充。党的十四届三中全会进一步明确提出，个人收入分配要坚持以按劳分配为主体、多种分配方式并存的制度，并对"多种分配方式"的具体内容作了明确论述，即"允许属于个人的资本等生产要素参与受益分配"。党的十五大提出，要坚持按劳分配为主体、多种分配方式并存的制度。把按劳分配和按生产要素分配结合起来，允许和鼓励资本、技术等生产要素参与受益分配。党的十六大提出，要确立劳动资本技术和管理等生产要素按贡献参与分配的原则，完善按劳分配为主体、多种分配方式并存的分配制度。党的十七大报告指出，要坚持和完善按劳分配为主体多种分配方式并存的分配制度，健全劳动、资本、技术、管理等生产要素按贡献参与分配的制度。党的十八大报告指出，要坚持社会主义基本经济制度和分配制度，调整国民收入分配格局，加大再分配调节力度，着力解决收入分配差距较大问题，使发展成果更多、更公平惠及全体人民，朝着共同富裕方向稳步前进。

18 世纪以来，伴随着西方工业化进程，西方经济理论总是在政府计划和自由市场之间的关系问题上徘徊不定。总体来看，西方学者关于这个问题的论述大体可分为"守夜人"的政府职能论、干预主义的政府职能论以及有选择地干预"市场失败"三种理论。

在资本主义早期阶段，经济活动的规模和范围都比较小，主要以农业和手工业为主，社会生产力不很发达，社会结构也比较简单。在这种情况下，经济活动需要一个无约束的自由发展环境，不需要政府过多干预。与这种经济发展水平相适应，许多西方国家政府奉行小政府主张和自由放任主义。古典经济学家把市场规律、价值规律等客观经济规律比喻为"看不见的手"，强调市场体制和自由竞争，主张政府应采取放任政策，而由"看不见的手"来调节经济。因此"管得最少的政府便是最好的政府"成为18—19世纪自由主义经济学家的主流观点。英国的亚当·斯密更提出了"夜警国家论"，把政府的职能限定为保卫国家、保护财产、维护一定的公用事业等方面。与这种政府职能学说相一致，在相当长的一个时期内，西方国家政府的职能主要局限在维护社会秩序，保护个人财产不受侵犯，保卫国家安全等方面，充当守夜人的角色。

进入20世纪后，随着垄断资本主义的发展以及越来越多的社会经济矛盾，客观上需要政府干预经济，这是资本主义社会发展的必然结果。

第二次世界大战期间，几乎所有西方发达国家的政府都加强了对经济生活的干预，明显加强了对经济的宏观控制。尤其是20世纪50年代以后，许多国家推行国有化、经济计划化以及政府管制等，政府干预经济和社会的措施此起彼伏，政府的职能始终保持着极度扩张的趋势。第二次世界大战以后，随着资本主义所固有的矛盾日益加深以及科学技术的迅速发展，一些西方国家为谋取资本主义的生存发展，把政治经济稳定视为最重要的任务，纷纷制订和实施各种形式的宏观经济计划，广泛干预经济，并进行社会改革。总的来看，资本主义主要国家通过协调和综合运用现代国家职能，推动资本主义经济持续增长了二三十年，一定程度上避免了大的金融危机的发生，有人称此时期为资本主义的"黄金时期"。

中国建立社会主义市场经济体制的一个典型特征就是要使市场在国家

宏观调控下对资源配置起基础性作用。中国的市场经济是处于发展与转型中的社会主义市场经济，在这一体制中，国家具有特殊的地位和作用，它不仅是宏观调节的主体，也是公有制的主体及经济发展和市场化改革的主体，国家是推动经济改革与经济发展的主导性力量。

 ## 加入世界贸易组织

1947年10月关贸总协定成立时，中国政府签署了关贸总协定，成为关贸总协定创始缔约方之一。1949年10月1日新中国成立后，台湾当局于1950年3月退出关贸总协定，从此中国与关贸总协定中断了关系。1971年10月，中国在联合国的合法席位得以恢复，根据关贸总协定在政治上服从联合国决议的原则，1971年11月，关贸总协定终止了台湾当局的"观察员"身份。

1982年11月，中国应邀列席关贸总协定第38届缔约方大会，1984年4月中国以观察员身份首次出席关贸总协定理事会及其附属机构的会议，这是中国重返关贸总协定的标志。1986年7月，中国正式提出恢复中国关贸总协定席位（即复关）的申请。1986年9月，中国开始全面参与了关贸总协定乌拉圭回合多边贸易谈判。

1987年3月关贸总协定设立中国工作组，并于同年10月举行了工作组第一次会议。至1992年10月第11次会议时，中国工作组已基本结束了对中国经贸体制的审议，并进入了有关中国复关议定书内容的实质性谈判。

1994 年 4 月中国签署了乌拉圭回合最后文件和世界贸易组织协定，签署这两个文件是中国复关的必备条件之一。同年 11 月，中国提出在年底完成复关的实质性谈判，并成为定于 1995 年 1 月 1 日成立的世界贸易组织创始成员的要求。由于美国等少数缔约方缺乏诚意的敲竹杠，在 12 月份召开的关贸总协定中国工作组第 19 次会议上，未能就中国成为世贸组织创始成员问题达成协议。

1995 年 1 月 1 日，世界贸易组织正式成立，并拟在一年的过渡期后完全取代关贸总协定。同年 5 月，中断了近 5 个月的中国复关谈判在日内瓦恢复进行。7 月 11 日，世贸组织决定接纳中国为该组织的观察员。11 月，中国政府照会世贸组织总干事鲁杰罗，把中国复关工作组更名为中国"入世"工作组。中国"复关"谈判变成"入世"谈判。

1997 年 5 月 23 日，在日内瓦举行的第 4 次世界贸易组织中国工作组会议就中国加入世贸组织议定书中关于非歧视原则和司法审议两项主要条款达成协议。8 月，新西兰成为第一个同中国就中国加入世界组织达成双边协议的国家。同年，中国还与韩国、匈牙利、捷克等国签署了入世双边协议。

1998 年 4 月 7 日，中国在第 7 次世界贸易组织中国工作组会议上提出的一揽子降低关税的方案受到工作组成员的普遍欢迎。

经过艰难曲折的谈判，1999 年 11 月 15 日，中国与美国政府在北京签署了关于中国加入世界贸易组织的双边协议。2000 年 5 月 19 日，中国与欧盟代表在北京签署了关于中国加入世贸组织的双边协议。

2001 年 6 月 9 日和 21 日，美国和欧盟先后与中国就中国入世多边谈判的遗留问题达成一致意见。6 月 28 日至 7 月 4 日，第 16 次世贸组织中国工作组会议就多边谈判中遗留的 12 个主要问题达成全面共识。7 月 16 日至 20 日，第 17 次世贸组织中国工作组会议对中国加入世贸组织的法律文件及其附件和工作组报告书进行了磋商，并最终完成了这些法律文件的起草工作。

2001 年 9 月 13 日，中国和墨西哥就中国加入世界贸易组织达成双边协议。至此，中国完成了与世贸组织成员的所有双边市场准入谈判。

2001 年 11 月 10 日，在多哈召开的世贸组织第四次部长级会议，审议并表决通过中国加入世贸组织。11 月 11 日中国外经贸部部长石广生代表中国政府在多哈签署了中国加入世界贸易组织议定书。该议定书规定了中国作为世贸组织成员的权利和义务，从而标志着中国正式加入世界贸易组织。

2001 年 11 月 20 日，世贸组织总干事迈克尔·穆尔致函各世贸组织成员，宣布中国政府已于 2001 年 11 月 11 日接受《中国加入世贸组织议定书》，这个议定书将于 12 月 11 日生效，中国因此成为 WTO 的第 143 个正式成员国。

中国加入世贸组织与中国恢复在联合国合法席位具有同样的意义，它意味着中国更多地融入国际社会。从此中国成为最大的国际经济组织的一个成员国，中国可以在这个组织内参与 21 世纪国际经贸规则的制订，利用这个多边贸易组织为中国发展服务，它还意味着中国与其他国家和地区的经贸往来可以建立在公平公正的国际经贸规则的基础上。当然，中国的目标绝不仅仅是加入世贸组织，而是在经济全球化浪潮中找到更有利的位置，拥有更重要的发言权，获取更快速、更健康的发展机遇。

知识链接

世界贸易组织（WTO）

世界贸易组织，英文全称为 World Trade Organization，简称 WTO。前身是关税与贸易总协定（1947 年 10 月 30 日在日内瓦签订，并于 1948 年 1 月 1 日开始临时适用），是全球性的，是联合国相关组织。1994 年 4 月 15 日，在摩洛哥的马拉喀什市举行的关贸总协定乌拉圭回合部长会议决定成立更具全球性的世界贸易组织。

 建立上海合作组织

上海合作组织的前身是由中国、俄罗斯、哈萨克斯坦、吉尔吉斯斯坦和塔吉克斯坦组成的"上海五国"会晤机制。

2001年6月14日,"上海五国"元首在上海举行第6次会晤,乌兹别克斯坦以平等身份加入。6月15日,6国元首举行了首次会晤,并签署了《上海合作组织成立宣言》,宣告上海合作组织正式成立。

上海合作组织成员国总面积为3018.9万平方公里,约占亚欧大陆面积的3/5;人口超过15亿,约占世界人口的1/4。上海合作组织从诞生之日,就开始在世界政治经济舞台上发挥着重要作用。

上海合作组织是第一个在中国境内宣布成立,第一个以中国城市命名的国际组织。根据《上海合作组织宪章》和《上海合作组织成立宣言》的规定,上海合作组织的宗旨是:加强成员国之间的相互信任与睦邻友好;发展成员国在政治、经济、科技、文化、教育、能源、交通、环保及其他领域的有效合作;维护和保障地区的和平、安全与稳定;推动建立民主、公正、合理的国际政治经济新秩序。

2001年9月14日,首次上海合作组织成员国政府首脑(总理)会议在阿拉木图举行。会议签署了上海合作组织成员国政府间关于区域经济合作的基本目标和方向的文件,并宣布成立上海合作组织框架内政府首脑(总理)定期会晤机制。

2002年6月7日，上海合作组织成员国元首在俄罗斯圣彼得堡举行会晤，签署《上海合作组织宪章》。宪章对上海合作组织宗旨、组织结构、运作形式、合作方向及对外交往等原则作了明确阐述，标志着该组织从国际法意义上得以真正建立。

2003年9月23日，上海合作组织成员国在北京举行政府首脑会议，签署了《上海合作组织成员国多边经贸合作纲要》和落实该纲要的措施计划，成立了质检、海关、电子商务、投资促进、交通运输、能源、电信7个专业工作组，负责研究和协调相关领域合作。本次会议还通过了2004年上海合作组织的首个预算。

2004年6月17日，上海合作组织成员国元首第四次会晤在乌兹别克斯坦首都塔什干举行。塔什干峰会标志着成立3年的上海合作组织正式结束初创阶段，进入了全面发展的新时期。在这次峰会上，蒙古国被邀请为上海合作组织观察员。

2005年7月5日，上海合作组织成员国元首第五次会晤在哈萨克斯坦首都阿斯塔纳举行。本次会议决定给予巴基斯坦、伊朗、印度观察员地位。

2008年8月28日，上海合作组织成员国元首理事会第八次会议在塔吉克斯坦首都杜尚别举行。成员国元首共同签署了《上海合作组织成员国元首杜尚别宣言》。

成员国元首理事会，是上海合作组织最高权力机构。该理事会每年举行一次例会，由各成员国按国名俄文字母顺序轮流举行，就该组织所有重大问题做出决议。

成员国政府首脑（总理）理事会，是上海合作组织的重要决策机构。每年举行一次例会，重点研究组织框架内多边合作的战略与优先方向，解决经济合作等领域的原则和迫切问题，并批准组织年度预算。

成员国国家协调员理事会，是上海合作组织日常活动的协调和管理机构，每年至少召开三次会议。该理事会主席由元首会议例会举办国国家协调员担任。

秘书处是上海合作组织常设行政机构，2004年1月成立，办公地点设在北京，其主要职能是：为组织活动提供组织、技术保障；参与组织各机构文件的研究和落实。秘书长由元首会议任命，由各成员国按国名的俄文字母顺序轮流担任，任期三年，不得连任。首任秘书长为中国前驻俄罗斯大使张德广，现任秘书长为哈萨克斯坦的努尔加利耶夫，2007年1月1日上任。

地区反恐怖机构，是上海合作组织常设机构，2004年6月设立，办公地点设在乌兹别克斯坦首都塔什干。其主要职能是：就打击恐怖主义、分裂主义、极端主义与本组织成员国主管机关及国际组织保持工作联系，加强协调。该机构由理事会和执委会组成，理事会由成员国主管机关领导人组成，是反恐机构的决策和领导机关；执委会主任由元首会议任命，首任执委会主任为乌兹别克斯坦的卡西莫夫。

上海合作组织论坛，是根据成员国首脑会议的决定，于2006年5月22日在莫斯科成立，是一个对上海合作组织长期进行评审和科研的机构。论坛将独立确定自己的研究题目、研究方向和研究计划，并组织科学讨论会和其他活动。

城乡经济统筹发展

纵观中国发展史，从自然经济到市场经济、从农耕文明到工业文明，中国发生了历史性的改变，但是并没有真正脱离农村和农民。就中国来说，农业和农村问题是一个直接关系党和国家的根本性问题。

毛泽东提出"农业是国民经济的基础"的著名论断，而且一直强调，我国是一个人口大国，要解决的第一件大事就是吃饭，而且全党必须要重视农业，在发展工业的同时也要带动农业发展。

邓小平同志告诫全党：千万不要忘记农业是根本；农业上如果有一个曲折，在短时间内是不会得到解决的。他反复强调：中国的问题首先是把占全国人口80%的农民安置好；中国社会是不是安定，中国经济能不能发展，首先要看农村能不能发展，农民生活是不是好起来；提高这80%的人民的生活是个关键，搞好社会秩序，这个80%也是关键。"城市搞得再漂亮，没有农村这一稳定的基础是不行的。"

江泽民同志说："我国是一个农业大国，这个基本国情要求我们必须认识到农业和农村工作是我们做好一切工作的根本。没有农村的稳定就没有全国的稳定，没有农民的小康就没有全国人民的小康，没有农业的现代化也就不可能实现整个国民经济的现代化。"

胡锦涛强调，我们党领导革命、建设、改革之所以能够取得大成就，与高度重视"三农"问题的战略思想密不可分。"农业丰则基础强，农民富则国家盛，农村稳则社会安"，因此在开展工作过程中一定要将"三农"问题放在重要地位。

习近平指出，任何时候都不能忽视农业、忘记农民、淡漠农村。必须始终坚持强农惠农富农政策不减弱、推进农村全面小康不松劲，在认识的高度、重视的程度、投入的力度上保持好势头。要健全城乡发展一体化体制机制，加快建设现代农业，加快推进农民增收，加快建设社会主义新农村，走出一条集约、高效、安全、持续的现代农业发展道路。

世界各国经济发展现状表明，一个国家在推进现代化进程中，能否有效地解决好农业、农村和农民问题，在很大程度上取决于该国在指导思想和发展战略上的选择。另外，对农业农村和农民问题的态度直接体现着一个国家所选择的发展道路。

我国农村改革从实行家庭联产承包责任制，废除人民公社，到突破计划经济模式，初步构筑适应发展社会主义市场经济要求的农村新经济体制框架，这些根本性改革，极大地解放和发展了农村生产力，带来农村经济和社会发展的历史性巨变。然而，现如今农村的现状与全面建设小康社会的目标和要求差距非常大，解决好农业、农村、农民问题需要时间。

从发达国家现代化的经验来看，在工业化初级阶段，主要是通过以牺牲农业剩余换取工业的发展，经济社会发展呈现出鲜明的工农、城乡相对独立并相互依存的二元经济结构。但在推进本国工业化后，工业可以靠自身积累发展，农业不再替工业提供利润，农业和工业的关系发生了重大的变化，二元经济结构特征开始萎缩，并向工农一体的一元经济结构转化过渡。这个时期工业开始反哺农业、城市开始支持农村，继而实现全面现代化。中国国民经济的发展，特别是工业、农业的发展也不可避免地要经历这一过程。

新中国成立后很长一个历史时期内，重工业优先发展、赶超型工业化发展战略构成了我国国民经济发展战略的基本内容。这种发展战略的突出特征是，农业为工业提供积累，农村为城市提供积累，农民为国家提供积累，重要生产要素配置向城市倾斜。

新中国成立之初，百业待举，百废待兴，同时面临着帝国主义的严重干扰和威胁。在这样的情况下，压倒一切的任务是尽快建立起一个以重工业为支柱的完整的工业体系。完成这一任务，重要的前提条件是要提供工业化的资金积累。在当时的历史条件下，完成这一历史任务，既不能靠自身依然弱小的轻工业，又不能完全靠国际援助，更不能像帝国主义那样靠侵略和掠夺，唯一的办法是靠农业、农村和农民来实现积累，依靠政府对资源的动员能力，在一个较短的时间内建立起一个比较完整的工业体系，以此推进我国工业化和现代化的历史进程。

当前，我国工业化程度已经达到世界中等发达国家水平，但是城市化程度远远低于世界平均水平，并且已经出现了严重的农产品需求制约，最基本的原因是城镇农产品消费群体比重太小。我国农村富余劳动力转移困难，最根本的障碍是城市化进程明显滞后。特别是随着工业化、信息化、市场化的日益加强，农业和农村发展比较滞后的弊端日益显露出来。

改革开放以来，党和国家采取了一系列政策措施缩小城乡差距问题，对促进现代化建设和国民经济的健康发展起到了积极作用。但总体来看，这个问题还没有从根本上得到有效解决。

从根本上讲，促进城乡统筹发展，就是在我国工业化、城镇化的进程中，必须把"三农"问题放在国民经济和社会发展的突出位置，走"工业反哺农业、城市支持农村"统筹城乡经济的路子，推动我国由城乡二元结构逐步向现代经济社会形态转变。这是一项系统工程，需要做长期的、艰苦细致的工作。

万人瞩目的"纺织大国"

纺织业是指对纺织原料（棉、毛、丝、麻、化学纤维）或其制品进行加工的工业部门，包括纺纱、织布、印染以及复制品生产等，是轻工业中的重要部门之一，与人民生活有着十分密切的关系。我国的纺织技术具有非常悠久的历史，早在原始社会时期，古人为了适应气候的变化，已懂得就地取材，利用自然资源作为纺织的原料以及制造简单的纺织工具。直至今天，我们日常的衣物、一些生活用品和艺术品都是纺织和印染技术的产物。

古今纺织工艺流程和设备的发展都是根据纺织原料而设计的，因此，原料在纺织技术中具有重要的地位。在古代，世界各国用于纺织的纤维均为天然纤维，一般是毛、麻、棉三种短纤维，如地中海地区以前用于纺织的纤维仅是羊毛和亚麻；印度半岛地区以前则用棉花。

古代中国除了使用这三种纤维外，还大量利用长纤维——蚕丝。蚕丝在所有天然纤维中是最优良、最长、最纤细的纺织纤维，可以织制各种复杂的花纹提花织物。丝纤维的广泛运用，极大地促进了中国古代纺织工艺和纺织机械的进步，从而使丝织生产技术成为中国古代最具特色和代表性的纺织技术。

经过漫长的历史发展，到20世纪80年代初，全世界每年生产的纺织原料约有3000万吨，其中棉花和化学纤维大约各占一半。麻、毛、丝所占的份额不大，但是各具特殊的使用价值，受到人们的喜爱。

我国的毛纺工业发展很快，目前，已形成了一个包括精纺、粗纺、绒线、毛毯、驼绒、长毛绒、羊毛衫、工业用呢、工业用毡、人造毛皮等十大类产品和毛纺工业体系。

中国棉纺织工业

我国是世界上生产丝绸最早的国家，素有"东方丝国"之称，因此，丝纺织业起步较早。它包括桑蚕丝和柞蚕丝纺织，以桑蚕丝纺织为主，其分布基本上与养蚕业的分布一致。桑蚕丝纺织主要集中在长江三角洲、珠江三角洲和四川盆地等桑蚕产地。

经过几十年的建设，我国纺织工业在主要纺织设备规模、主要产品产量、纺织品服装出口总额等方面都已居世界前列，我国已经成为一个当之无愧的"纺织大国"。

知识链接

纺织业排名

自 1988 年以来，我国拥有的棉纺锭数一直保持世界第一。丝绸工业是中国的传统工业，也稳居世界首位。中国毛纺行业在 20 世纪 90 年代赶上和超过了日本和意大利等国，成为拥有毛纺锭最多的国家。棉纱、棉布产量于 1970 年超过美国以后，一直居于世界第一位。1999 年，我国棉纱总产量已占世界总产量的 1/3。化纤工业 1996 年超过了美国，跃居世界第一。

进入电子工业时代

电子技术是第二次产业革命的火车头，是提高人们现代物质、文化生活水平的手段。电子工业的"产出"，常常是其他工业的"投入"。电子技术具有广泛的渗透性，它使手表、计算器、照相机等产品完全实现了电子化，今天各行各业无不有电子技术的应用。

电子工业是研制和生产电子设备及各种电子元件、器件、仪器、仪表的工业。由广播电视设备、通信导航设备、雷达设备、电子计算机、电子元器件、电子仪器仪表和其他电子专用设备等生产行业组成。

电子科技已有近百年的历史，但在20世纪40年代以前发展较慢。自从发明晶体管和计算机之后，电子工业才成为新兴工业，发展很快，并成为当今世界发展最快的高新技术产业，在各国国民经济中的作用也日益突出。

多年来，世界电子工业一直由美国、日本、欧洲等一些国家所主导。不论在生产和市场方面，还是在技术开发方面，美国都是世界电子工业的强国，日本仅次于美国。德国、英国、法国等是欧洲的电子工业大国，在该地区占主要地位。

我国的电子工业在20世纪90年代得到了飞速发展。当时，我国已经能够主要依靠国产电子元器件生产20多类、数千种整机设备以及各种元器件，许多精密复杂的产品达到了较高水平，并形成了雷达、通信导航、广播电视、电子计算机、电子元器件、电子测量仪器与电子专用设备等几大产业。

我国电子工业经过改革开放数十年的快速发展，规模已经跃居世界前列，仅次于美国和日本。一些电子产品的产量已经位居世界第一。但我国电子产品年产值占世界电子产品产值的比重不到 5%，而且在技术水平、开发能力、劳动生产率等方面与世界先进水平还有很大差距。

工业社会把人类带入工业文明的时代，生产力较农业社会有了显著的提高。信息社会将把人类带入一个崭新的信息文明的新时代，生产力将会有更大的发展。

目前，我国电子工业在卫星遥测遥控系统、星载有效负荷、固态远程警戒雷达、综合电子战系统等领域接近或达到国际先进水平，并催生了航空电子、航天电子、船舶电子、汽车电子等一大批新的应用领域的出现，不仅为国防现代化做出了巨大贡献，而且在国民经济建设中发挥了重要作用。

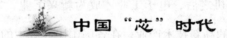

中国"芯"时代

中国"芯"是中国研究生产并且制造的芯片。

1999 年 10 月，中星微电子有限公司在国家信息产业部的提议及支持下在北京中关村成立；《1999 年中国 IC 行业备忘录》认为，这标志着信息时代微电子创业人才开始年轻化，同时也标志着我国的环境已经开始吸引留美学生回国创业。

2000 年 1 月，中星微电子在硅谷设立子公司。

2000 年 11 月，清华—中星微电子联合研究中心在清华大学成立。周光召任名誉理事长，邓中翰博士任理事长。

2001 年 3 月，中星微电子开发出第一块具有中国自主知识产权、世界领先的百万门级超大规模 CMOS 数码图像处理芯片"星光一号"，成功地实现了核心技术成果的产品化。"星光一号"被誉为结束了"中国硅谷无硅"历史的产品。

2001 年 4 月，设立上海分公司，开展非图像类芯片研发和市场开发工作。

2001 年 5 月，"星光一号"芯片成功实现产业化并打入国际市场，为三星、飞利浦等国际知名品牌视频摄像头所采用。

2001 年 7 月，设立深圳分公司，全面开展对海内外的市场营销工作。

2001 年 11 月 8 日，"星光一号"通过微软 WINDOWS XP 的 WHQL 认证，是目前中国唯一通过该项认证的产品。

2002 年 4 月 16 日，集声音和图像为一体的"星光二号"问世，并成功打入惠普、创新科技等更多国际知名品牌。

2002 年 5 月 2 日，在香港设立子公司——中星微电子（国际）有限公司，深入开展对海外的市场营销工作。

2002 年 10 月 12 日，人工智能视觉芯片"星光三号"问世。

2003 年 2 月 14 日，中星微电子开发的手机彩信处理芯片"星光四号"成功登陆美国市场，在全球第一大 CDMA 移动通信运营商 Sprint 系统上大批量应用。这标志着又一基于中国自主知识产权的芯片技术打进了国际主流市场。

2003 年 5 月，中国人民解放军小汤山医院全面安装"星光"可视通 VXP 系统，"中国芯"进入抗击"非典"第一线，这标志着视频通信技术成为抗击"非典"医疗体系的一个组成部分。

2003 年 9 月 18 日，"微软—中星微多媒体技术中心"在北京成立，共同推动全球数字多媒体芯片产业。

2003 年 10 月，中星微电子公司独立开发的新一代 PC 图像输入芯片"星光五号"成功实现产业化，被多家国际知名品牌大规模应用；并成为中国电信指定的唯一宽带 PC 图像标准。

2003 年 12 月 28 日，国家信息产业部、北京市政府在人民大会堂联合举行"中国芯工程"成果报告会，宣布历时 5 年的"星光中国芯工程"取得重要进展，拥有自主知识产权的"中国芯"第一次成功地打入国际市场，彻底结束了"中国无芯"历史。

2004 年 2 月，中星微电子作为唯一的中国芯片厂商成为国际移动行业处理器联盟（MIPI）的成员。

2005 年 3 月 28 日，"星光中国芯"系列数字多媒体芯片荣获国家科技进步一等奖。

2005 年 11 月 15 日，中国领先的数字多媒体芯片设计公司中星微电子正式在美国纳斯达克挂牌交易。中星微电子成功登陆纳斯达克，是中国电子信息产业中首家拥有核心技术和自主知识产权的 IT 企业在美国上市，是中国企业在 2005 年原始创新、发展核心技术、走向世界的标志性动作。

2006 年 1 月 "星光中国芯工程"推出单芯片混合电路移动多媒体处理器" 星光移动三号" 手机多媒体芯片，高度整合了多种多媒体功能，并具备低功耗和体积小等优点。12 月中星微电子公司荣获全球半导体设计协会年度奖，成为中国大陆地区首家获此殊荣的芯片设计公司。

2008 年以来"星光中国芯工程"大规模投入国家安防视频监控技术标准的研究制定、芯片设计和产业化推进工作，已推出具有我国自主知识产权的可大规模部署的电信运营级宽带视频监控系统和新一代无线高清智能监控系统。

2013 年 12 月 7 日中央电视台一套新闻联播报道邓中翰打造"中国芯"追逐"中国梦",播出了中星微电子董事长邓中翰的"中国梦"。

2015 年 3 月 31 日中国发射首枚使用自主研制的芯片——"龙芯"北斗卫星。

第三章

朝发夕至

——四通八达的现代交通文明

随着社会经济的快速发展,人们的生活节奏开始加快。得力于科学技术的日新月异,使得拥有新式快速的交通工具成为人们急需解决的问题。地铁的开通在城市内形成了纵横交错、十分便利的交通网。高速铁路的建设使得城际间的行程时间大大缩短,从而让朝发夕至成为现实。

中国交通大发展

现代是中国交通大发展的时代，科技的进步，经济的发展，成为交通快速发展的有力推手。

1.高速铁路的发展

高速铁路是指运行速度达到 200 千米/小时以上的客运专线，按其列车的支撑和推进原理，可以分为轮轨式和磁悬浮式。

中国高速铁路的建设始于 2004 年的中国铁路长远规划，开通的第一条真正意义的高速铁路是 2008 年 8 月 1 日开通运营的 350 千米/小时的京津城际高速铁路。经过高速铁路建设和对既有铁路的高速化改造，中国已经拥有全世界最大规模以及最高运营速度的高速铁路网。截至 2014 年 12 月 28 日，中国高铁运营总里程超过 16000 千米，"四纵"干线基本成型。中国高速铁路运营里程约占世界高铁运营里程的 50%，稳居世界高铁里程榜首。

2.高速列车的发展

铁路是国家重要基础设施、国民经济大动脉和大众化交通工具，对我国社会经济又好又快发展和国防起着不可替代的全局性支撑作用。我国高速列车技术研究和建设经过了近 20 年的发展历程。第一阶段从 1990 年至 2007 年，经历了全国铁路五次大提速和德、日、法高速动车组的引进消化吸收；第二阶段从 2008 年至今，是以自主创新为主的阶段，其标志之一是《中国高速列车自主创新联合行动计划》的启动实施。

截至目前，我国投入运营的高速列车运行里程已达 7431 千米，居世界第一。预计到 2020 年，全国铁路营运里程达到 12 万千米以上，复线率和电化率分别达到 50%和 60%以上，主要繁忙干线实现客货分线。其中，建设客运专线 1.6 万千米以上。

3.高速公路的发展

高速公路是 20 世纪的产物。近一个世纪以来，世界人口急剧增长，地区之间联系加强，汽车也越来越多。人流、物流和车流的日益巨大的压力使旧有的公路不堪重负，原来的公路模式也已经过时了。于是，高速公路应运而生。

中国地域辽阔，地形地貌差别极大，给高速公路的建设带来很大的挑战。在初期，高速公路的建设从经济发达同时修建难度比较小的地区开始建设，随着国家主干道计划（"五纵七横"规划）的逐步而实施，为实现成网的要求，建设重点也向地形复杂的地区转移，长大隧道及高跨、长跨桥梁占的比例也越来越大，同时高速公路的平均造价也大幅度提高。从 20 世纪 90 年代开始，中国进入了公路建设快速发展的时期，尤其是 1998 年中国实施积极的财政政策以来，中国公路建设投资数量大、开工项目多。中国高速公路发展从 1988 年沪嘉高速公路的建成通车实现中国大陆高速公路零的突破，截止到 2014 年底，高速公路通车总里程达到 11.2 万千米，已超过美国跃居世界第一。

地下的"火车"：地铁

地下铁道，简称地铁，有时专指在地下运行为主的城市轨道交通系统，但实际上，由于许多此类的系统为了配合修筑的环境，可能也会有地面化的路段存在。

有人认为，地面下的轨道交通叫地铁，反之就是轻轨。也有人认为，钢轨轻的就是轻轨，重的就是地铁。以上这两种区分方式都是不科学的。其实，无论轻轨还是地铁，都可以建在地下、地面或高架桥上。而对于钢轨重量，虽然地铁的轨重一般要大于轻轨，但为了增强轨道的稳定性，减少养护和维修工作量，增大牵引供电回流断面和减少杂散电流，地铁和轻轨都趋向选用重型钢轨。

相对于其他的公共交通来说，轨道交通在运量、速度、运行方式等方面具有明显的优势，对于减轻大城市空气污染，缓解交通拥挤，提高运行速度等起到了很好的作用。

在我国，北京地铁 1969 年首先开始运营，20 世纪 90 年代，上海和广州地铁也相继建成并开始运营，目前已经有多个城市建设了地铁。在"十五"规划中，国家首次提出了要发展城市轨道交通，《国家产业技术政策》也明确指出："在百万人以上的城市，要优先发展以轨道交通为主的公共交通系统。"我国的轨道交通必将迎来新的发展高潮。

到目前为止，全国总共地铁线路将近 100 多条，而且还在继续建设的过程中。自 2000 年后，中国的城市轨道交通系统开始快速成长。2005 年年底，北京、上海、广州、天津、大连等 20 多个城市在建、准备建设和规划中的轨道交通线，线路总长超过 4000 千米。截止到 2015 年 5 月，我国已开通的地铁有：北京地铁、上海地铁、广州地铁、深圳地铁、天津地铁、重庆地铁、哈尔滨地铁、沈阳地铁、台北地铁（台北捷运）、高雄地铁（高雄捷运）、香港地铁、南京地铁、成都地铁、西安地铁、苏州地铁、昆明地铁、杭州地铁、武汉地铁、郑州地铁、长沙地铁、宁波地铁、无锡地铁、长春地铁、大连地铁。预计到 2020 年中国将有 45 座以上城市将建地铁。预计到 2050 年，我国城市轨道交通线路总长将超过 4500 千米。

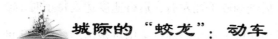

城际的"蛟龙"：动车

动车一般指承载运营载荷并自带动力的轨道车辆，但在近现代的动力集中动车中，动车更接近传统列车中的机车角色，这类动车一般不承载运营载荷。在中国，时速高达 250 千米或以上的列车称为"动车"。2011 年 6 月 1 日起，全国所有动车实行购票实名制。2012 年 9 月 15 日起，全国动车统一采用数字和字母组合的方式编制坐席号。

动车是载运旅客和行李包裹物品，且自身装有推进机的一种铁路运输车辆。按驱动方式动车可分为以汽油机驱动的汽油动车、以柴油机驱动的柴油动车和以电力驱动的电力动车。动力传动方式可以是机械传动、液压传动或电力传动。当由两辆以上动车或较大功率动车牵挂一辆或数辆附挂车时，则构成动车组，可提高旅客及物品的装载能力和运输效率。

最早的动车于1906年出现在美国。这辆动车装用一台150千瓦汽油机，是通过电力传动装置驱动的。车内有91个座席，还有行李间。

这种动车只用于运输不繁忙的支线区间。美国在20世纪20年代拥有汽油动车数量已超过700辆。1913年瑞典制成55千瓦电力传动柴油动车，后来又制出功率为185千瓦同类型的动车，还能挂3—4节附挂车。在20—30年代，柴油动车发展迅速，为欧洲、美洲国家和日本所大量使用，有些国家拥有动车数千辆。大洋洲、非洲和东南亚、南亚、中东国家也有使用。

这个时期的动车内无论在动力装置、传动装置、走行部、车内设备等结构方面，还是在舒适性（消减振动和噪声）以及运行速度等性能方面都有很大改进。在动力装置方面，以内燃机为动力的动车几乎都采用高速柴油机。它的热效率比汽油机高，燃料较便宜，每千瓦平均重量较小，功率从100千瓦左右发展到800千瓦左右，运行速度达到每小时140千米。在传动装置方面，200千瓦以下小功率动车采用机械传动，功率大的因变速换挡复杂不易操纵而用电力传动或液力传动。20世纪初电力动车已用在电气化铁路上。

铁路动车比铁路列车最突出的特点是机动灵活，载客量小，但车次可增加，因此受到许多国家的重视并逐步发展为普遍使用的运输工具。动车比列车在运用方面灵活得多。虽然一次乘坐的旅客不多，但车次可以安排得密些。当旅客多时，功率大的动车可加挂一节或几节轻型无动力的附挂车，即轻型客车。动车由于使用范围扩大，乘客增多，逐步发展成为世界上普遍使用的动车组。

铁路作为一种经济的、大运量的交通工具，在各个国家的经济生活中做出了重大贡献。但近年来，它遇到了航空和公路的严峻挑战，促使各国铁路进行内部的体制改革和运输手段上的技术创新，铁路高速化应运而生。

一般认为，时速 200 千米以上称为高速铁路。

20 世纪 80 年代末，我国铁路已将高速化提上了议事日程，到 2007 年年底，我国已进行了 6 次铁路大提速。由株洲电力机车厂研制的首台 DDJ 系列时速 200 千米电动动力车（DDJ-001）于 1999 年 5 月 26 日在工厂顺利通过试运。这一新型电力机车的诞生，标志着我国电力机车向客运高速化又迈进了一步。

2008 年 8 月投入运营中国首列国产化时速 300 千米"和谐号"动车组列车（CRH2-300），2007 年 12 月 22 日上午在南车四方机车车辆股份有限公司竣工下线，中国也由此成为继日本、法国、德国之后，世界上第四个能够自主研制时速 300 千米动车组的国家。

2014 年，国家总理李克强多次在外交活动中提到高铁项目。6 月 24 日，中国南车株机获签马其顿 6 列内燃、电动车组合同，这是中国动车组首次出口欧洲。这批动车组为标准轨距，最高运营时速为 140 千米，使中国的"高铁外交"取得突破性的成绩。

知识链接

动车组

动车组就是把带动力的动力车与非动力车按照预定的参数组合在一起，因此可以概括地讲，动车组是自带动力的，固定编组的，列车两端分别设有司机室进行驾驶操作，配备现代化服务设施旅客列车的单元。带动力的车辆叫动车，不带动力的车辆叫拖车组。动车组技术源于地铁，是一种动力分散技术。

空中的"飞车"：磁悬浮

磁悬浮列车是由无接触的电磁悬浮、导向和驱动系统组成的新型交通工具，磁悬浮列车分为超导型和常导型两大类。

简单地说，从内部技术而言，两者在系统上存在着是利用磁斥力、还是利用磁吸力的区别。从外部表象而言，两者存在着速度上的区别，超导型磁悬浮列车最高时速可达 500 千米以上（高速轮轨列车的最高时速一般为 300—350 千米），在 1000—1500 千米的距离内能与航空竞争。而常导型磁悬浮列车时速为 400—500 千米，它的中低速比较适合于城市间的长距离快速运输。这两种类型在经济技术等指标上各有高下。

与传统的轮轨铁路相比，磁悬浮列车在速度上的优势是不言而喻的。它比较突出的优点还在于采用电力而不是燃油驱动，使得其发展较少受能源结构特别是燃油供应方面的限制，同样也就无有害气体排放，有利于环保，而且对磁悬浮列车的维修主要集中在电子技术方面，不再需要大量的体力劳动。

除此之外，列车启动、停车快以及爬坡能力强也是磁悬浮列车优于传统轮轨铁路的地方。世界上第一列磁悬浮列车小型模型 1969 年在德国出现，日本在三年后研制成功。磁悬浮的构想是由德国工程师赫尔曼·肯佩尔于 1922 年首先提出的，磁悬浮列车包含有两项基本技术：一项是使列车悬浮起来的电磁系统；另一项是用于牵引的直线电动机。1934 年，德国人获得世界上第一项磁悬浮技术专利。

世界上第一条投入商业运行的磁悬浮列车 2002 年在我国上海建成通车，2004 年投入商业运行。

2006 年 8 月 17 日，"中华 01 号"永磁悬浮路车模型在大连举行的 2006 中国国际专利技术与产品交易会上亮相。该模型是大连 3000 米永磁悬浮试验线路的仿真微缩，专为城市之间的区域交通设计。列车在高架的磁轨上运行，设计时速 230 千米，既可货运，又可客运，适用于大都市圈的交通运输。

中国永磁悬浮与国外磁悬浮相比有五大方面的优势：一是悬浮力强。二是经济性好。三是节能性强。四是安全性好。五是平衡性稳定。槽轨永磁悬浮是专为城市之间的区域交通设计的，列车在高架的槽轨上运行，设计时速 230 千米，既可客运，又可货运。

磁悬浮列车

2010 年 4 月 8 日，中国首辆高速磁悬浮国产车在成都交付。该样车由中航工业成都飞机工业（集团）有限公司制造，标志着该企业已经具备了磁悬浮车辆国产化、整车集成和制造能力。该高速磁悬浮列车可以达到每小时 100 千米。

至 2012 年，世界上有三种类型的磁悬浮。一是以德国为代表的常导电式磁悬浮，二是以日本为代表的超导电动磁悬浮，这两种磁悬浮都需要用电力来产生磁悬浮动力。而第三种，就是中国的永磁悬浮，它利用特殊的永磁材料，不需要任何其他动力支持。

知识链接

上海磁悬浮列车

上海磁悬浮列车时速 430 千米，一个供电区内只能允许一辆列车运行，轨道两侧 25 米处有隔离网，上下两侧也有防护设备。转弯处半径达 8000 米，肉眼观察几乎是一条直线；最小的半径也达 1300 米。乘客不会有不适感。轨道全线两边 50 米范围内装有目前国际上最先进的隔离装置。

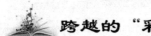 跨越的"彩虹"：桥梁

建立四通八达的现代化交通网，大力发展交通运输事业，对发展国民经济，促进文化交流和巩固国防等具有非常重要的作用。在修建公路与铁路等交通基础设施时，经常会遇到河流、峡谷等障碍物，如何跨越各种障碍物呢？桥梁就是为保证路线的连续性而专门修建的用来跨越各种障碍物的人工结构物。

我国的桥梁建设有着悠久的历史。在汉朝时已有梁桥，例如西安的灞桥，长约 447 米。现存的福建平安桥，长达 5000 米，被誉为"天下无桥长次桥"。驰名中外的赵州桥，是我国古代石拱桥的杰出代表，该桥位于河北省赵县城南汶河上，为隋大业初年（605 年左右）李春所建，全桥长 50.82 米、宽 9 米、净跨度 37.02 米，为当时世界之最，该桥形比欧洲早了 1200

多年。久负盛名的中国铁索桥，是世界上最早的铁索桥。今天，在云南、四川、贵州和西藏等地，仍有世界上现存最早的铁索桥。

新中国成立后，我国广大交通建设者在祖国的大江大河上建造起了座座"彩虹"，满足了经济和社会发展的需要，创造了世界桥梁建设史上的奇迹。在长江上、在黄河上、在崇山峻岭中、在沿海、在岛屿与岛屿之间，往日"近在咫尺"的天堑，随着座座桥梁的贯通，如今都变成通途。

1957年10月，京汉铁路武汉长江大桥建成通车，毛泽东写下了"一桥飞架南北，天堑变通途"的不朽词章。截至2003年年底，全国共建有各类公路桥梁31.1万座，共计1250万米。其中，已建成跨径200米以上的桥梁百余座，跨径超过400米的桥梁近40座。

目前，在四川宜宾以下的长江干流江段上共建造了现代化桥梁54座（含在建中的21座）。黄河上建成的桥梁也有百余座。在国际上排名前10位的梁桥、拱桥、斜拉桥、悬索桥中，我国已建和正在建造的分别占了5个、6个、8个和4个。

我国悬索桥建设在近10年间实现了"三级跳"：1995年建成主跨450米的汕头海湾大桥，1997年建成主跨888米的虎门大桥，1999年建成主跨1385米的江阴长江大桥（世界第五）。

2009年建成主跨1650米的舟山西堠门大桥，是目前中国第一、世界第二的悬索桥。此外，苏通长江公路大桥主孔跨径1088米，2008年建成，是世界跨径第二的斜拉桥。跨越黄浦江的卢浦大桥以550米的跨径，取得了世界第一拱桥的地位。

我国还把大桥修到了海上。我国首座外海跨海大桥——上海东海大桥于2005年11月建成通车。东海大桥全长25千米，按双向6车道高速公路标准设计，桥面宽31.5米，设计行车速度80千米/小时。全桥设5000吨级单孔双向主通航孔一处，通航净高40米，桥跨420米，桥墩按万吨级防撞能力设计。东海大桥设计基准期为 100 年。2008 年建成的杭州湾跨海大桥成为世界第三长的桥梁。2011 年世界第二长桥青岛海湾大桥于 6 月 30 日全线通车。

世界屋脊上的"天路"

在我国的西南边陲，有一片平均海拔在 4000 米以上、面积达 230 万平方千米的土地，这就是号称"世界屋脊"和"地球第三极"的青藏高原。它东连云贵高原和四川盆地，西达帕米尔高原，北邻我国内陆沙漠地带，南眺热带亚热带风光的印度大平原。它雄奇高峻、傲视四方，以奇异的地理构造和地貌景观，以及独特的文化积淀，堪称世界一绝。

而地处祖国西南边陲的西藏自治区，是全国惟一不通铁路的省级行政区，进出西藏主要依靠公路和航空运输。已有的青藏、川藏、滇藏、新藏公路中，能常年不中断通车的仅有青藏公路。

该公路承担了进（出）藏物资运量的 85%。受交通的制约，西藏有效能源匮乏，资源开支受到限制，产品缺乏竞争力，严重制约了西藏的改革开放、社会经济发展和国防建设。为了加强西藏同北京及内地省市的联系，增进民族团结，加强国防建设，促进社会进步，中华人民共和国成立以后，党和国家就着手研究进藏铁路的建设问题。

1958 年 4 月，从兰州西面的河口和青海的西宁同时动工修建了兰青铁路河口—西宁段，仅用了一年多的时间，于 1959 年 10 月竣工通车，全长

175 千米，这是青藏高原有史以来的第一条铁路。1957 年，青藏铁路开始勘测修筑，1960 年，西宁至海晏段建成通车。

进入 20 世纪 60 年代，因为当时国民经济较为困难，青藏铁路曾一度停建。1962 年，青藏地区全区铁路通车里程仅为 205 千米。20 世纪 70 年代中期，青藏铁路又继续施工修建，1979 年铺轨至格尔木市，1981 年第一期工程胜利完成。这段铁路从西宁向西穿过海北、海西，全长 834 千米，1984 年"五一"国际劳动节正式交付营运。青藏铁路一期工程的完成，使青藏高原地区的铁路通车里程达到 1095 千米。

2001 年 2 月 8 日，国务院批准建设青藏铁路二期工程。青藏铁路二期为格尔木至拉萨段，全长 1142 千米，这段大部分线路处于青藏高原的腹地，空气稀薄，水系发达，寒风凛冽，气候严寒。该地区生态环境脆弱，地壳运动活跃，存在着大片高原冻土，另有部分地段为岛状冻土。

自 2002 年 6 月青藏铁路开工以来，铁路建设者奋战雪域高原，攻克了一个个技术难题，克服种种困难，在修建世界屋脊上的"天路"的过程中谱写着人生最壮丽的篇章。经过 4 年多的建设，于 2006 年 7 月试通车。

青藏铁路的建成创造了多项世界之最：它是世界海拔最高的高原铁路，铁路穿越海拔 4000 米以上的地段达 960 千米，最高点为海拔 5072 米；它是世界上最长的高原铁路，青藏铁路格尔木至拉萨段全线总里程达 1142 千米；它是世界上穿越冻土里程最长的高原铁路，铁路穿越多年连续冻土里程达 550 千米；海拔 5068 米的唐古拉山车站，是世界海拔最高的铁路车站；海拔 4905 米的风火山隧道，是世界海拔最高的冻土隧道；全长 1686 米的昆仑山隧道，是世界上最长的高原冻土隧道；海拔 4704 米的安多铺架基地，是世界海拔最高的铺架基地；全长 11.7 千米的清水河特大桥，是世界上最长的高原冻土铁路桥；建成后的青藏铁路冻土地段的时速将达到 100 千米，非冻土地段达到 120 千米，这是目前火车在世界高原冻土铁路上的最高时速。

新兴的管道运输文明

　　在中国，管道是既古老又现代化的运输方式。早在公元前 3 世纪，中国就创造了利用竹子连接成管道输送卤水的运输方式，可以说这是世界管道运输的开端。到 19 世纪末，四川自流井输送天然气和卤水的竹子管道长达200 多千米，然而现代管道工业起步较晚。

　　我国第一条长距离输油管道建于 1958 年，其长度为 147 千米，直径150 毫米，将克拉玛依油田的原油输送至独山子炼油厂。20 世纪 60—70 年代，随着大庆、胜利、华北、中原等油田的开发，迎来了我国管道工业的第一个大发展时期，兴建了贯穿东北、华北、华东地区的原油管道网。

　　东北地区的大庆—铁岭（双线）、铁岭—大连、铁岭—秦皇岛 4 条干线输油管道直径均为 720 毫米，总长 2181 千米，形成了从大庆至秦皇岛和大庆至大连的两大输油动脉，年输油能力为 4000 万吨。建于世界屋脊青藏高原上、穿过永久冻土带等地质条件极为复杂地区的格尔木—拉萨成品油管道全长 1076 千米，管径 150 毫米，输送汽油和柴油。后来建成投产的兰州—成都—重庆成品油管道是目前我国最长的成品油管道，全长约1200 千米。

　　我国第一条长距离天然气输送管道于 1963 年建成，其长度为 55 千米，直径为 426 毫米，将四川南部的天然气输送至重庆市。从 20 世纪 60 年代中后期到 80 年代末，川渝地区输气管道建设经历了一个较快的发展阶段，以

1966年底威远—成都输气管道建成及1989年北干线投产为标志，建成了一批输气干线及连接城市和大型化工厂的输气支线，构成了全长1400千米的川渝环形输气管网。目前，川渝境内的输气管道总长度已接近3000千米，每年总输气量有60多亿立方米。这些管道的直径为325—720毫米，最大允许操作压力为2.5—6.4兆帕。

从20世纪80年代开始，我国其他地区也相继建成了一些输气管道，主要有：华北油田—北京输气管道（两条）、大港油田—天津输气管道、河南濮阳—沧州输气管道、濮阳—开封输气管道、天津—沧州输气管道、陕西靖边—北京输气管道、靖边—西安输气管道、靖边—银川输气管道、新疆轮南—库尔勒输气管道、吐鲁番—乌鲁木齐输气管道、青海涩北—西宁—兰州输气管道等。

目前我国还有两条长距离海底输气管道，一条是1996年初投产的南海崖13-1气田至香港输气管道，长度797千米，管径为28英寸，设计压力8兆帕，年输气能力34亿立方米，这条管道的长度居世界海底输气管道的第二位；另一条是1999年投产的东海平湖凝析气田至上海南汇的凝析气管道，其长度为400千米。截止2001年底，我国有长距离输气管道1.2万千米。

在20世纪70年代以前，我国建成投产的浆体管道多为选矿厂的尾矿输送管道和火力发电厂的灰渣输送管道，输送距离短，输送浓度低。进入20世纪80年代后，开始重视提高输送浓度，并着手开发煤炭、铁精矿和磷精矿的长距离浆体管道输送技术。

到1998年，已建成了100千米长、年输量200万吨的铁精矿浆体管道。山西盂县—潍坊—青岛煤浆管道项目已经完成可行性研究。该管道全长713千米，直径559毫米，设有6座泵站，年输煤700万吨，建成后将成为目前世界上最长的煤浆输送管道。经过多年坚持不懈的研究，我国浆体管道输送技术已趋于成熟。

改革开放以来，我国经济的快速发展使得对能源的需求快速增长，从而对能源的管道运输提出了更高的要求。以西气东输工程的建设为标志，我国管道运输业已进入了一个新的大发展时期。目前，包括西气东输工程、俄罗斯—中国输油及输气管道工程在内的在建管道及拟建长距离输油、输气管道约 2 万千米。

与西电东送、南水北调、青藏铁路一起并称为我国 21 世纪初四大工程的西气东输管道，西起新疆巴音郭楞蒙古自治州的轮南，经甘肃、宁夏、陕西、山西、河南、安徽、江苏、浙江，东抵上海，全长 4200 千米，管道直径 1016 毫米，设计工作压力 10 兆帕。2005 年一期工程建成，年输量为 120 亿立方米天然气；二期工程增加 10 个压气站后，年输量将达到 180 亿立方米。该管道完全实现自动控制，平均每 10 千米只用 1 人。

目前，天然气在我国一次能源构成中的比重不到 3%，而世界平均水平已达 24%。西气东输工程的建设对于改善我国能源结构，保护环境，促进我国东部和西部地区经济的发展，提高人民生活水平都有着重大意义。毫无疑问，该工程的建设将极大地促进我国管道运输业的发展。

中国油气管道建设将朝着大口径、大流量和立体网络化方向发展，预计 2020 年油气管道总里程将超过 15 万千米。可以看出，未来油气管道建设将集中在完善主干管网，力争形成多气源、主产区、消费地和储气点有效连接的管线网络；同时，积极缩小与世界管网建设水平的差距，不断增强管道建设的自主研发能力与核心竞争力，在提升技术和装备水平方面有所注重与完善。

空陆转换的枢纽——航站楼

航站楼，又称航站大厦，是机场内的一个设施，提供飞机乘客转换陆上交通与空中交通的设施，方便他们上下飞机。

首都国际机场3号航站楼是集先进、节能、快捷为一体的航站楼，外形设计颇具中国传奇图腾"龙"的神韵，让我们一同去休验一下吧。

走进北京首都机场3号航站楼，你首先能够感受到先进和完善的信息系统。3号航站楼共有1600多块显示屏，为各个航空公司提供了个性化服务的平台。离港系统是整个机场信息系统中与旅客关系最大的部分，从办理值机到登机的整个流程都依靠离港系统支持。3号航站楼的离港系统体现更多的是枢纽机场功能——不仅支持航空公司搭建个性化离港前端，更能通过机场提供的平台实现后台信息互联，值机人员在为旅客办理值机手续时，就可获得旅客所到目的地作为经停站的中转航班信息，这些信息互动给旅客提供了前瞻性的服务。

3号航站楼首次在国内使用了旅客捷运系统，也是大家常常称的"小火车"，主要承担该航站楼内大量国际进出港旅客的运输任务。旅客捷运系统可以灵活地调整车辆的编组数量，区分轻重缓急，缓解高峰时段车厢内旅客的拥挤。

为了让乘客在下机后更快地提取托运行李，3号航站楼配备了国际最先进的自动分拣和高速传输的行李处理系统。还专门增设了先进的空筐回送系统和早交行李存储系统。输送行李的线路总长为 68 千米，每小时可以处理 2 万件行李，传输速度最高可达每秒 10 米。同时，行李系统安装了世界上最先进的无线射频身份识别系统，行李在运送过程中走到哪里都会被监控和锁定。

助航灯对飞机的安全起降有着至关重要的作用。北京首都国际机场扩建工程助航灯光系统是基于高级地面活动引导及控制系统（也被称为单灯引导系统）下的助航灯光系统，能够对每架飞机进行个性化引导。单灯引导系统是一个能为飞机和车辆活动提供路由、引导和监视的系统。国际民航组织将单灯引导系统分为 5 级，目前仁川、迪拜等世界先进机场多为 2 级水平。而北京首都国际机场单灯引导系统是按 4 级标准设计建设的，是目前世界上最先进的助航灯光系统。为了给飞行员提供更为准确、清晰的引导信息，助航灯光分为红、黄、蓝、绿四种颜色的灯具，红灯设在滑行道和交叉路口上，飞行员看见红灯亮就要停止等候；绿灯是滑行道的中线灯，表明可以正常行驶；黄灯为警示灯，提醒飞行员要快速驶出滑行道；而蓝灯则是表示道面宽度的边缘灯，这样就清晰地区分了不同的功能。

让人高兴的是，在节能方面，3 号航站楼也非常成功，主要建筑都设有天窗自然采光，特别是航站楼近 300 个天窗朝向光线良好的东南方向，白天可大幅度减少灯光照明。玻璃幕墙采用中空低辐射镀膜玻璃，既保证采光，又隔音隔热；部分天窗还可以自动开启通风，调节楼内冷暖。这样算起来，3 号航站楼每年仅此一项可节电约 160 万千瓦时！

3 号航站楼给我们的是一种美的感觉，欣赏它的同时又让我们感受到中国科技的魅力，祖国的强大。

扩展阅读 燃气网

燃气管网的基本特征是：小区中央气站供应管道液化气，通过庭院管与用户连接。燃气管网一般都埋于地下 1.5 米以内，个别地区埋没较深。下面介绍一下城市燃气输配管道的分类。

按管道功能分为分配管道、用户引入管理、室内燃气管道和工业企业燃气管道。分配管道是将燃气分配给工业用户、公共建筑物和居民用户的管道，它包括从长距离输气管道的城市门站或其他气源接收燃气的管道、穿过街区的配气管道以及居民小区内部的配气管道；用户引入管是指分配管道与用户室内管道之间的连接管道；室内燃气管道将燃气引入室内，并分配到每一件燃气用具；工业企业燃气管道通常包括工厂引入管道、厂区分配管道、车间燃气管道和炉前燃气管道。

按敷设方式分为埋地管道和架空管道。埋地管道是城市燃气管道最常用的敷设方式；架空管道只用于某些不适于埋地敷设的特殊地段。有时在厂区内，为了管道维修的方便，也采用架空方式。

按燃气压力分类：根据我国《城镇燃气设计规范》，城市燃气输配管道划分为 5 个压力等级，即高压 A 级（0.8 兆帕<p≤1.6 兆帕）、高压 B 级（0.4 兆帕<p≤0.8 兆帕）、中压 A 级（0.2 兆帕<p≤0.4 兆帕）、中压 B 级（0.005 兆帕<p≤0.2 兆帕）和低压（p≤1.6 兆帕）。气体从高压力等级的管道进入低压力等级的管道必须经过调压。

按管材分类：管材分为钢管、铸铁管、塑料管和有色金属管。常用的钢管有普通无缝钢管和焊接钢管。钢管具有强度高、管壁薄、可塑性好等优点，特别适合于压力较高的管道。缺点是耐腐蚀性能较差，防腐成本高。铸铁管是城市燃气行业中历史最悠久的管材，目前在我国城市的中、低压燃气管道中仍广泛采用。

第四章

日新月异

——不断创新的现代科技文明

　　放眼古今中外，人类社会的每一项进步，都伴随着科学技术的进步。尤其是现代科技的突飞猛进，为社会生产力发展和人类的文明开辟了更为广阔的空间，有力地推动了经济和社会的发展。中国的计算机、新材料、杀菌技术等高科技企业的迅速增长，极大地提高了中国的产业技术水平，促进了工业、农业劳动生产率的大幅度提高，有力地带动了整个国民经济的发展。

日新月异的通信文明

通信技术的进步为中国科技文明发展做了不小的贡献，下面让我们一起感受一下日新月异的通信技术。

1. 有线通信进入中国

贝尔发明电话后，人类的通信进入了一个新的时代，由过去的书信、电报的复杂漫长，转变成为直接进行长距离通话。中国也在 1903 年清朝光绪年间，架设了第一条电话线，用于北京城内大臣住宅和颐和园之间的通信。1904 年 1 月 2 日由清政府钦准的中国第一个官办电话局终于诞生了，据说当时安装了一台 100 门磁石式人工电话交换机，老北京的电话发展史就此开始了。1905 年 3 月 23 日清政府以 5 万两白银收购了丹麦商人璞尔生擅自经营的"电铃公司"，电话容量扩展为 800 门，至清亡时已经达到了 3200 门。1924 年 3 月 29 日上海华洋德律风公司在租界装设爱立信生产的自动电话交换机并投入使用，这是中国最早使用的自动电话交换机。1931 年—1934 年上海、南京、天津、青岛、广州、杭州、汉口等城市，陆续开办了市内自动电话局。中国自此以后进入了有线通信时代。

2. 改革初期的"摇把子"状态

"楼上楼下，电灯电话"曾是新中国成立初期人们对社会主义新中国的美好理想，然而一直到 20 世纪 80 年代初期，电话仍是普通人眼中的奢侈品。

在很多人并不遥远的记忆中，打个长途电话首先要赶到邮电局排队，排上队才能在营业台填挂号单，然后再由长途话务员转接到相关邮电局，再由相关的邮电局转到具体的电话上。那时候，固定电话还是人们日常生活中的稀罕物，今天人手一部手机甚至是人手多部手机的景象在那个时代简直无法想像。1978年我国全国的电话用户不过214万户，电话普及率只有0.38%，比美国落后75年！并且全国市话约有三分之一靠人工转接，绝大多数长途电话靠长途接线员转接，大部分县城和农村停留在"摇把子"状态。直到1987年我国开始引入移动通信技术时，我国的电信网基础仍然非常薄弱。1987年以前，全国电话电路仅为2.2万条，长途传输以明线为主，公众电话网总容量仅为435.5万门，每百人拥有电话机数还不到半部，这种水平不仅与发达国家相距甚远，甚至还不如一些发展中国家，全国电话总数比当时香港地区的数量还要少。步入20世纪80年代中后期，随着改革开放的深入，人们对于通信的需求日益增加，在程控电话逐渐走进千家万户的同时，人们对于通信的需求也在更进一步，伴随着社会主义市场经济体系的建立，中国的通信市场也在酝酿着一场巨变。

3. BP机的堵塞时代

1983年上海开通了国内第一家寻呼台，BP机自此进入了中国。当时上海用户使用的只是模拟信号BP机，用户只能接收呼叫信号，需致电寻呼台才能查询到回电号码。次年，在广州开通的数字寻呼台，才能解决了这个难题。早期的BP机全是进口产品，品牌包括摩托罗拉、松下等，后来国内企业浪潮与摩托罗拉合作，开发出了汉字BP机，让用户可以不用满大街找电话，就可以知道呼叫的内容。随着价格的一降再降，到上世纪90年代末，BP机已经是一个普及化程度很高的产品，但作为第一代的即时通讯工具，BP机就像是一个过渡的角色，随着手机的普及，BP机逐渐退出市场。

4. 移动电话的领军——"大哥大"

在 BP 机进入中国的同时，美国贝尔试验室研制的先进移动电话系统（AMPS）在芝加哥已投入商用，建成了蜂窝移动通信网。之后，服务区域在美国逐渐扩大。其他发达国家也相继开发出蜂窝公用移动通信网。1987 年由美国摩托罗拉公司生产的第一代手机"大哥大"进入了中国市场。这个时候，处于改革开放的最前沿的广东，许多投资广东客商手中的"大哥大"因为内地没有移动通信网络而处于闲置状态。而与之毗邻的港澳地区模拟移动电话网已经起步。为了更好地适应改革开放的需要，当时的广东邮电管理局决定及时引入模拟移动通信网络。这一切注定了广州要背负起打造神州第一波的使命。在一无资金、二无技术、三无设备、四缺人才的情况下，在一个由三间厕所改造的办公室内，早期的建设者们开始了艰辛的研究工作。六运会前夕，广东省珠江三角洲移动电话网首期工程开通。同时，广州也开通了我国第一个移动电话局，号码长度为 6 位，首批用户为 700 个，实现了我国移动电话用户"零"的突破，这也标志着我国开始进入大容量蜂窝式公用移动通信阶段。在这个时期，在经济发展远远落后于发达国家的大背景下，我们对移动通信产业的市场需求还未被唤醒，对技术的掌握、理解、应用与发达国家相比存在着巨大的差距。从移动通信的设备、技术到移动通信的运营方式，皆是从西方引进。我国用未开垦的广阔市场，换来了西方先进的移动通信技术，并不断汲取营养。"大哥大"带来了对移动通信需求的刺激，但由于容量小无法形成规模效益，系统和终端的成本高，使用手机的费用是十分昂贵的。那时候买一部"大哥大"要一两万块钱，所以还只是一小部分人的专享。

5. 移动通信迅猛发展

随着国内科学技术的发展，国产手机的市场不断的扩大，手机的外形也从最初的笨拙变得越来越轻巧美观，价格也一降再降。直到 1997 年，我国手机用户迅速攀升到 1000 万户，2001 年这个数字为 1 亿户，这个飞跃只用了不到 4 年的时间。此后，2002 年 11 月，移动电话用户总数达到 2 亿；2004 年 5 月，3 亿；2006 年 2 月，4 亿；2008 年 7 月已经高达 6 亿；2014 年 1 月份全国电话用户净增 497.6 万户，总数突破 15 亿户大关，达到 15.01 亿户！

在移动通信技术的支撑之下，中国移动通信开始了从基础的移动通话业务向数据增值业务过渡的发展序幕。在中国移动打造出的"全球通""动感地带""神州行"等业务品牌身上就可见一斑，短信、彩信、微信、彩铃、WAP、百宝箱、手机钱包、手机 QQ、无限音乐俱乐部和手机电视等移动业务的不断开发，极大地丰富和便利了人们的生活，并在许多层面上，改变了人们的生活方式。

6. 3G 时代

互联网的出现和飞速发展对全球信息业、通信业产生巨大的影响，移动通信和互联网正在走向融合。为顺应这一趋势，中国移动于 2000 年 9 月全面启动了 GPRS 建设工作，GPRS 与传统的 GSM 技术相比有高数据传输、永远在线、仅按数据流量计费等特点。2002 年 5 月 17 日，中国移动在全国正式投入 GPRS 系统商用。这意味着，现阶段世界范围内最先进、应用最成熟的移动通信技术——GPRS 在中国实现大规模应用，中国真正迈入 2.5G 时代。

同时，中国联通也积极启动 CDMA1X 网络的建设工作，并于 2003 年 3 月正式开通，中国的 CDMA 网络也进入 2.5G 时代。这种升级不仅是通信速率的提升，更重要的是开始将 IP 数据通信能力赋予移动通信，为移动通信从话音时代走向数据时代开启了大门。基于 2.5 代网络，运营商不仅能够汇聚其移动信息化应用的庞大用户群，更可以在商务模式方面进行有效探索，为未来的移动信息化大发展积累经验。除了基本的通话，还有短信、彩信、彩铃、飞信、上网游戏以及其他缤纷的内容，手机正在摇身变身一个全能的娱乐终端：它是数码相机、数码摄像机、随身音乐播放器、看电视，甚至摆渡过来很多电脑的功能。中国红火的通信市场，从追随者变为潮流的引导者。与此同时，通信强国的梦想在高度冲击着国人的神经，只有掌握产业上游的核心技术标准，中国本土通信企业才能在国际市场竞争中赢得更多话语权，这甚至影响到一个国家的竞争力。

第一代及 2G 手机时代，我们都付出了高额的专利费，3G 时代这个局面因 TD-SCDMA 的生根、开花而改变。TD-SCDMAD 成功研发，让中国移动通信成功实现了从"拿来主义"到独立自主研发的华丽转身。1998 年，在国际电联向全球征集 3G 标准方案的过程中，大唐集团代表中国第一次向国际电联提出了完整的电信系统标准提案——TD-SCDMA。这一标准最终被国际电联以及 3GPP 等国际标准组织接纳，成为世界 3G 标准的重要组成部分。此举标志着中国电信科技实现了由跟踪到创新、突破的重大转变。在政府的支持下，TD-SCDMA 的产业化发展迅猛。如今，中国移动担负起建设和运营 TD-SCDMA 的历史重任。

7. 4G 时代的到来

2013 年，工信部向中国移动、中国电信、中国联通正式发放了第四代移动通信业务牌照，中国移动、中国电信、中国联通三家均获得 TD-LTE 牌照，此举标志着我国电信产业正式进入了 4G（是第四代移动通信技术）时代。目前我国 TD-LTE 4G 用户规模已经突破了 1 亿，到 2015 年底我国 4G 用户规模有望突破 4 亿。

改革开放 30 年来中国的通信技术由最初的"拿来"变为"自主创新"，从固定电话、"大哥大""BP 机"发展到最后的手机，中国不断的向前迈进，用智慧和勤劳创造了中国通信的飞速发展，让世界为之瞩目。在未来的发展中我们新的一代将接替先辈们继续为中国的通信事业不懈奋斗，创造出更加先进的技术，为祖国增光添彩。

"东方硅谷"：中关村

在广袤无垠的中国大地上，有一块特殊的区域，它犹如大海中的一枚"海洋之心"，熠熠生辉。在知识经济浪潮涌入中国之际，这枚"海洋之心"跃上了知识经济的浪尖，领导潮流，愈加璀璨。

这枚令人心动的"海洋之心"，就是中国知识经济的发源地——中关村。

1988 年 5 月 10 日，国务院批准在北京中关村建立中国第一个国家级新技术产业开发试验区——北京新技术产业开发试验区海淀园区。试验区经历了两个发展阶段。1988—1992 年是第一个阶段，这一时期着重奠定基础；1992 年 5 月，试验区的发展进入突飞猛进的第二阶段，这一时期，试验区始终保持着高速增长的发展势态，倍受国人关注。

试验区在"知识资本"的强劲动力推动下，创造了一个又一个的辉煌。透过中关村的背影，我们看到了知识经济的迷人魅力。

1997 年，试验区国内生产总值的比重占整个北京市的 6.7%，工业产值占海淀区的 80% 左右，达到北京市的 14.5%，对全市的工业增长贡献率达到50%。

1997 年，试验区共实现国内生产总值 122.13 亿元，工业总产值 170.18 亿元，上缴税费总额 10.86 亿元。

1997 年，试验区内已有总收入超亿元的企业 54 家，产值超亿元的企业 29 家，上缴税费千万元的企业 15 家，有 17 项"拳头"产品单项产值超亿元，有 262 家企业的自有资产超千万元。

1997 年，仅占试验区企业总数 1.5% 的 20 强、50 优企业，其总收入和工业总产值已分别占试验区总量的 51.4% 和 72.7%，成为试验区高科技产业企业的骨干队伍。

试验区收入、产值、税金、利润、出口创汇等主要经济指标分别以年均 43.56%—50.77% 的幅度高速增长，技术出口占北京市一半以上，占北京市工业总产值 14% 的试验区，对全市工业经济增长贡献率接近 50%，成为北京市经济增长点的新秀。

在 10 年的大浪淘沙历程中，知识经济造就了中国的第一批以高新技术为基础的"知识型"企业。

这些企业的诞生、发展和壮大都有异曲同工之妙。科利华集团总裁宋朝弟，在清华大学取得硕士学位后，毅然扔掉手中的"铁饭碗"，仅凭自己的物理学知识、计算机技术和教学经验这点"知识资本"，迈开了艰苦创业的步伐。他最初是设计出"校长办公系统"，并用这个样品争取来 60 位中学校长的预付款才将它开发成产品的。一直到后来，科利华集团成为中国最大的教育软件生产基地，靠的就是"知识"这份宝贵的财富，靠的就是知识经济这个千载难逢的机遇。

这些企业的国际合作也搞得有声有色。北京华胜计算机公司，1998 年春季在北京召开"展望 98 华胜战略研讨会"。会上，Intel 公司技术推广经理洪力表示，今年将在产品研究开发、技术内核、市场推广等方面全力支持华胜的 PC 产品发展工作。

DSC 数字通信系统是韩国三星公司 1997 年开发的新产品，北京六所华科公司作为其总代理，从 1997 年 7 月开始，为煤炭、石油、公安等部门的专业网安装了 DSC 样机。1998 年，他们还联手进一步开拓了军网、农垦网等专网市场。

中国 TT 行业的龙头企业清华紫光、北大方正、四通、联想等集团更是雄心勃勃，锐意进取。清华紫光集团在 1998 年春季广交会上，与海外成交总金额达 1820 万美元的 19 万台扫描仪，这是他们继 1992 年广交会以来第二次大规模进军国际市场。

方正集团正在和微软、西门子等世界著名公司合作，投资在马来西亚建造多媒体超级走廊，这是全球最大的信息技术发展计划之一。四通集团正在实施"与巨人同行"发展战略，以图继续壮大。目前，四通已组建了 19 家合资企业，其中有 8 家是与世界一流跨国公司结伴而行。

如今，以中关村为代表的海淀试验区，汇集了多家专门从事研究、开发、生产、销售计算机及信息技术产品的高新技术企业群体。在这里，有许多崭露头角的新兴高技术企业，更有联想、长城、四通、北大方正、清华紫光等中国 IT 行业的龙头企业，它们都在励精图治，日益发展壮大。

 新兴技术：纳米技术

随着科学的进步，人类对微观世界的认识不断深入。20 世纪末，一个新的科学发现将我们引入更加微观的世界，这就是纳米。

纳米符号为"nm"，也称毫微米，就是十亿分之一米，即百万分之一毫米。与厘米、分米和米一样，纳米也是长度的度量单位，比肉眼看不见的细菌小得多。1纳米相当于4倍原子大小，万分之一头发粗细，形象地讲，1纳米的物体放到乒乓球上，就像一个乒乓球放在地球上一般。

一般情况下，当固体或纤维小于10纳米时，即达到了纳米尺寸，即可称为所谓"纳米材料"。由于纳米技术的应用价值非常大，所以很多国家开始重视并投入大量人力和物力研究开发它。一般来说，鉴于纳米科技有着如此大的发展潜力，很多人认为纳米技术将是21世纪新产品诞生的源泉，纳米技术会引起新一轮的产业革命，必将推动生产力的发展，改善人类生活环境。因此，不少国家纷纷投入巨资来抢占这块战略高地。

当前，纳米技术的研究和应用主要在材料和制备、微电子和计算机技术、医学与健康、航天和航空、环境和能源、生物技术和农产品等方面。用纳米材料制作的器材重量更轻、硬度更强、寿命更长、维修费更低、设计更方便。利用纳米材料还可以制作出特定性质的材料或自然界不存在的材料，制作出生物材料和仿生材料。

纳米药物是把药物和磁性纳米颗粒结合起来制成的。患者服用后，由于药物颗粒可以自由地在血管和人体组织内运动，医生只需要在人体外部施加磁场加以导引，就会使药物集中到患病的组织中，从而使药物治疗的效果大大提高。此外，利用纳米药物颗粒能够定向阻断毛细血管，"饿"死癌细胞。有研究者称，目前已经用磁性纳米颗粒成功地分离了动物的癌细胞和正常细胞，在治疗人的骨髓疾病的临床实验上也获得了成功。

人体长期受电磁波、紫外线照射，这些会导致各种疾病发病率增多或影响正常生育功能。科技人员将纳米大小的抗辐射物质掺入纤维中，制成了可阻隔95%以上紫外线或电磁波辐射的"纳米服装"，这类服装不挥发、不溶于水，能持久地保持防辐射能力。而且，用化纤布料制成的衣服因摩擦容易产生静电，人们在生产时加入少量的金属纳米微粒，就可以摆脱烦人的静电现象。

纳米技术的应用范围极其广泛，可以应用在不同的领域之中。它既能应用在陶瓷上，使陶瓷具有像金属一样的柔韧性和可加工性，也可以制成多功能塑料，拥有抗菌、除味、防腐、抗老化和抗紫外线等功能。如果将纳米技术应用到雷达上面，就会将雷达探测能力提高 10—100 倍。

同样，纳米技术也引起我国的重视。在 20 世纪 80 年代末，我国政府把纳米技术列入国家"攀登计划"和国家"重大攻关项目"，并委托科学院等一些科研机构、大专院校通过召开纳米技术专门会议制订计划、部署方案、调拨资金等大规模进行纳米技术研制工作。

从 20 世纪 90 年代初期，我国就开始申请纳米材料的专利，到 90 年代中期形成了高潮。目前已经申请到的专利有很多，但大多集中在研究所和大学中。从 1997 年开始，纳米材料的研究和应用有了很多突破性的进展，不仅一些大学，更多的是企业开始投入到研究中。由此可见，其发展势头良好。

在我国，很多地区对纳米研究做出了贡献，如浙江舟山走产学研结合的道路，在与中国科学院固体物理研究所合作设计制造出国内第一条具有自主知识产权的纳米硅基氧化物百吨生产线后，又相继开发出纳米氧化铝、纳米氧化锆、纳米氧化铁、纳米氧化铈等新产品，现已形成纳米粉体材料、功能复合材料、亚微米复合材料等三大系列、十多个品种、三十多种型号的产品问世，并在橡胶、塑料、玻璃钢、涂料、陶瓷和烧结剂等行业开始应用。相关企业利用纳米材料诸多奇异的理化性能使这些行业的传统产品得到改性，有的行业已取得传统产品升级换代的显著成效，可见其硕果累累。在橡胶行业，提高制品的强度、耐磨性和抗老化性就是通过加入炭黑实现的，所以，其产品均为黑色。

在这方面，很多研究者都希望能找到代替炭黑的补强剂和抗老化剂。然而，之前苦于技术的限制，久久不能实现这个想法。然而，纳米材料的出现为这个问题的解决提供了技术支撑，金鼎新材料产业化中心的专家们只用了半年的时间就开发出填补国内市场空白的纳米改性彩色氯化聚乙烯防水卷材，这引起了世界各国的关注。西北橡胶总厂应用纳米材料开发出新一代高性能彩色胶管。当然，这些新型彩色橡胶制品的主料是丁苯橡胶、天然橡胶等，然而产品的各项性能指标均有大幅度提高，不仅寿命延长了，而且色彩也非常艳丽。

2012年，我国研制成了最新一代集成电路制造工艺，22纳米约相当于普通成年人头发丝直径的1/2300，采用22纳米集成电路技术可以在一根头发丝的横截面上集成大约1000万个晶体管，从而使集成电路产品的功能更多样化，速度更快，成本更低。研究人员摒弃了传统的二氧化硅、多晶硅等材料，采用了高K材料、金属栅材料等新材料新工艺，研制出了性能良好的器件，技术水平达到国内领先、世界一流的水平。

与此同时，在一些其他领域，很多人也开始了对纳米材料的应用研究，如密封胶、黏结剂、化妆品、抛光浆料以及医学、冶金方面，如果按这个形势发展下去，未来所生产的纳米产品必然会对传统产品造成冲击，而且可能占据主导地位。我们可以相信，随着科技的发展，纳米技术将越来越广泛地应用到人们的生活中。

新型材料：聚乳酸

聚乳酸是将大豆、玉米淀粉等原料，经生物聚合技术处理提炼而成的一种生物降解塑料产品。随着人们环保意识不断增强，以及原油等不可再生资源的逐步减少，聚乳酸因具有原料来源丰富、可再生、可降解、生产所需的能耗低等众多优势，产业规模正在逐步扩大。

聚乳酸（PLA）是由生物发酵生产的乳酸经化学合成而得到的聚合物，有良好的生物相容性和生物可降解性，防渗透性与聚酯相似，光泽度、清晰度和加工性与聚苯乙烯相似，可被加工成各种包装材料，如农业、建筑业用的塑料型材、薄膜，以及化工、纺织业用的无纺布、纤维等。

PLA还可用作生物医用材料，如无需拆线的医用缝合线、药物控释载体、骨科固定材料、组织工程支架等。聚乳酸属新型可完全生物降解塑料，是世界上近年来研究开发的最活跃的降解塑料之一。

在化石资源日益枯竭的今天，生物资源的开发和应用被广泛关注，也带动了生物质产业的蓬勃发展。这个新兴产业就是利用农作物等可再生或循环的有机物质为原料，通过生物化工方法生产燃料、能源及生物质材料。号称"玉米塑料"的聚乳酸，如今已被认为是替代传统化工塑料、终结白色污染的热门材料。

实际上，聚乳酸的原料不仅仅限于玉米，很多种作物都可以提取乳酸。因此，把聚乳酸称为生物质塑料更为恰当。我国每年消耗塑料达2000多万吨，又是玉米生产大国，加速生物降解聚乳酸塑料研发对经济和社会发展将具有重大意义。

国家重大科技项目要求，研制出用于制备聚 L-乳酸的催化体系和聚合方法，解决聚合过程中的结构控制问题，以及聚合和后处理过程的传质和传热问题，建立连续本体聚合的生产线，完善一步法合成聚乳酸的新工艺，提出改善聚乳酸热力学性能的实时改性方法。

课题方向包括研究高效低聚乳酸脱水缩聚和裂解催化剂、L-丙交酯的精制提纯工艺；研究工业化可行的低成本高纯 L-丙交酯的反应条件和工艺条件；研究在技术和经济上切实可行的聚合工艺；开发高纯乳酸单体的低成本制备技术，研究乳酸的纯度和聚合条件对合成聚乳酸的相对分子质量及其分布的影响；研究一步法合成聚乳酸的关键技术问题；研究聚乳酸的成型加工技术，形成具有自主知识产权的聚乳酸加工和制品的关键技术。

华东理工大学的直接缩聚合成高分子量聚乳酸项目通过上海市教委和科委的鉴定。该校研发出了在密闭体系中利用脱水剂进行固相缩聚以制备高分子量聚乳酸的新工艺。该工艺简单、合理，技术具有独创性，工业化应用前景广阔。

华东理工大学材料科学研究所于 2008 年 12 月 7 日宣布，其采用独特的专利技术，实现了玉米塑料（聚乳酸）薄膜的稳定生产，得到了厚度≤4 微米的可完全降解超薄塑料薄膜。该薄膜为目前世界最薄的完全降解薄膜，且单位面积价格接近目前 PE 地膜价格。专家表示，这种老百姓用得起的可完全降解材料，将使我国抗"白色污染"能力得到极大提升，并开创了我国农业及包装材料发展的新纪元。

电子"指南针"技术

战国时期，我国发明了指南针，从此它便被广泛应用于航海中，用于辨别方向，不久，指南针传到国外，也备受欢迎。1000多年过去了，科技越来越发达，指南针被更先进的仪器所代替，它就是神通广大的全球定位系统。

全球定位系统的英文名字是"Global Position System"，简称GPS系统。该系统是以卫星为基础的无线电导航定位系统，它能测出地球上任意一点的精确坐标，包括精确的时间、经度、纬度和误差在1米之内的速度定位，GPS系统代替了古老的指南针，被人们誉为"电子指南针"。

GPS全球定位系统是继"阿波罗登月飞船"和"航天飞机"之后美国第三大航天工程。美国国防部斥资200亿美元，花了近20年时间来研制它。专门为配合飞机、导弹、船只和士兵运动的军用定位和导航系统，是目前世界上最先进的卫星导航系统之一。GPS全球定位的成功研制和使用把传统的导航定位技术远远甩在后面，船舶的导航尤为重要，现在只要把GPS接收机安装在船舶驾驶舱进行差分GPS定位，自动导航就实现了。

最近几年，GPS还被活跃地应用在地面车辆的定位监控上。我国公安部门和科技单位开展合作，成功地开发出为银行运钞车监控用的车载GPS定位跟踪系统。他们把GPS系统与电子地图地理信息系统以及集群无线通信系统相结合，使得该系统能同时监控75辆银行运钞车和50辆警车，系统监控能力多达 600 辆。这样一来，运钞车在工作时就安全多了，不论出现什么情况，都会及时地采取措施。出租车的客运调度、工程抢修车、特快专递车、城市急救车、消防车等都可以运用车载 GPS 系统来提高工作效率。GPS 与电子地图相结合，成为计算机化的电子地图，使汽车驾驶员轻而易举地知道自己在哪里，成了"永不迷路"的向导。把 GPS 汽车导航系统与移动电话结合使用，能够访问因特网上的一些 Web 站。它的内容与导航密切相关，能让人在很短时间内了解自身所处的环境，以及所需要的服务信息。

令人难以置信的是，GPS 系统能对农作物的精耕细作起到极大的推动作用。运用了 GPS 全球卫星定位系统接收器，一位农民能够改变千百年来日耕夜息的习惯，在农作物生长最旺盛的夜晚工作而毫无差错。在 21 世纪，全球卫星定位系统将被安装在自来水管道、煤气管道、通信线路和电力网上。到时，无论哪条管线发生故障，服务部门的人员都会及时发现并且迅速赶到出故障地点去排除。83 秒的接警反应记录就是美国利用全球卫星系统首创的。目前，我国地质测绘、航空拍照、飞机导航、防治虫害、长途运输、无线寻呼等领域也应用了 GPS。

全球定位系统已渐渐地在生活的各个方面被运用，它就像一个电子指南针一样，给人们的生活和工作带来了很多方便。

 食品杀菌新技术

随着生活水平的不断提高，以及科技的不断更新，人们对饮食安全的要求越来越高，传统的食品灭菌技术受到极大的压力和挑战。最终形成了一套新的食品杀菌技术。该技术主要包括以下几项：

1. 亚临界或超临界状态的加压二氧化碳

此法用于灭菌，可缩短灭菌的时间和降低灭菌的温度。另外，由于加压二氧化碳能抑制热敏性成分的分解、抽提脂溶性物质和使酶失活，因而在食品工业和生物工程上受到普遍的关注。

2. 臭氧灭菌

其优点是没有残留物，因而不会影响食品的风味，能够避免加热灭菌时热敏性物质的变性，也没有因加入杀菌剂而残留毒性的问题，并能渗透到用紫外线灭菌时照射不到的部分。不过，由于臭氧操作复杂、价格较高，实用化也还存在一些问题，其中最大的问题是臭氧的保存。臭氧冰可代替普通的冰用于鲜鱼的保存，与普通冰保存的鲜鱼比较，其新鲜度和抑菌效果都较好，也不会促进脂肪氧化，可延长保鲜期。

3. 光脉冲灭菌技术

1980 年，日本科学家发明了以惰性气体制作的荧光灯，其瞬间产生的光脉冲照射微生物，可达到灭菌目的。此后，一家公司利用这一技术开发出一种名"纯光"的灭菌装置，它能瞬间发出具有宽光谱、强量的白色光。

此后这种技术在食品行业开始慢慢应用。光脉冲只可作为那些内部经热处理灭菌而只是在光滑的表面存在微生物的食品的灭菌，以延长其保质期，如面包、饼干和鱼糕等食品。

4. 冲击波对粉末食品的灭菌

所谓冲击波是在急剧加力的情况下所产生的超音速压力波。如对液体施加一定冲击力，压力会上升，然后再快速膨胀，微生物的细胞便会受到破坏。如果有不纯物或气泡存在，灭菌效果更好，而粉末粒子与粒子之间的空隙就类似于气泡的效应。以前，冲击波只应用于金属粉末冶金（烧结），而用于干燥粉末食品的灭菌是由于冲击波使粒子的空隙部分，即粒子的表面温度上升从而达到灭菌的目的。此时，粒子内部的温度上升幅度很小，而且由于压力的关系，风味成分很难挥发。

5. 食品超高压技术

超高压技术是指将食品放入液体介质（通常是水）中使食品在极高的压力（例如100—1000兆帕）下产生酶失活、蛋白质变性、淀粉糊化和微生物灭活等物理化学及生物效应，从而达到灭菌和改性的物理过程。超高压技术在我国还处于起步阶段，加快开展超高压食品研究，特别是加强超高压加工调味品、中药材、保健食品以及其他价值高但对热较敏感的食品或药品的研究，对我国参与国际竞争有着极为重要的意义。

6. 巴氏杀菌乳加工

巴氏杀菌乳加工主要是指用新鲜的优质原料乳，经过离心净乳、标准化、均质、杀菌和冷却，以液体状态灌装，直接供给消费者饮用的商品乳。包装容器通常是玻璃瓶、塑料瓶、塑料袋和纸盒。在我国，塑料袋作为主要选择。

巴氏杀菌的目的：一是杀死引起人类疾病的所有微生物，使之完全没有致病菌；二是尽可能地破坏致病微生物、能影响产品味道和保存期的微生物、其他成分如酶类，以保证产品的质量。

牛乳进行巴氏杀菌的方法如下：

低温长时间杀菌法（LTLT），又称保持式杀菌法。加热杀菌条件为62℃—65℃，30分钟。

该方法可充分杀灭病原菌，不产生加热臭味，对维生素和其他营养素破坏较少。设备是带有搅拌装置的冷热缸。冷热缸在加热或冷却时均需较长的时间，一般为15—30分钟，故在杀菌保持时间前后加热或冷却时，最好配合板式热交换器。

高温短时间杀菌法（HTST）。其杀菌条件为72℃—75℃，15—20秒或80℃—85℃，10—20秒。HTST杀菌多采用板式杀菌器。

HTST杀菌与LTLT杀菌相比，有以下优点：处理量大；可以连续杀菌；处理过程几乎全部自动化；牛乳在全封闭的装置内流动，微生物污染机会少；对牛乳品质影响较小，可采用CIP清洗系统进行清洗。

超巴氏杀菌目的是延长保质期，其杀菌条件为12℃—38℃，2—4秒。

杀菌后的牛乳应尽快冷却至4℃，冷却速度越快越好。采用板式换热器杀菌的牛乳，在板式换热器的换热段，与刚输入的在10℃以下的原料乳进行热交换，再用冰水冷却到4℃。

巴氏杀菌乳的包装形式主要有玻璃瓶、聚乙烯塑料瓶、塑料袋和复合塑纸袋、纸盒等。目前我国广泛使用的是塑料袋、玻璃瓶、塑料瓶。

巴氏杀菌产品的特点决定其在贮存和分销过程中，必须保持冷链的连续性。

除温度之外，在巴氏杀菌产品的贮存和销售中还应注意：小心轻放，避免产品与硬物质碰撞；远离具有强烈气味的物质；避光，防止和避免高温；避免产品强烈振动。

知识链接

超高温天菌乳

超高温灭菌乳是指物料在连续流动的状态下通过热交换器加热，经135℃以上不少于 1 秒的超高温瞬时灭菌（完全破坏其中可以生长的微生物和芽孢）以达到商业无菌水平，然后在无菌状态下灌装于无菌包装容器中的产品。超高温灭菌（UHT）的出现，大大改善了灭菌乳的特性，不仅使产品的色泽和风味得到了改善，而且提高了产品的营养价值。

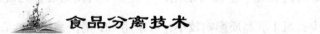

食品分离技术

食品分离技术，就是研究如何从混合物中把一种或几种物质分离出来的科学技术，应用性很强。食品分离技术主要研究食品原料的提取、食品加工中间产物的分离、食品的提纯以及食品生产过程的三废处理。目前在食品中应用的主要包括超临界流体萃取技术、膜分离技术、分子蒸馏技术、离子交换、层析分离技术、冷冻干燥技术等。

1. 超临界流体萃取技术

超临界流体萃取技术就是利用某些溶剂在临界值以上所具有的特性来提取混合物中可溶性成分的一门新的分离技术。这一技术具有溶剂萃取法和蒸馏法两者的优点，具有显著提高产品回收率和纯度、改进产品质量、降低能耗、对人体无害、稳定安全等优点，因而在食品行业中发展很快。

目前应用范围主要包括啤酒花萃取，香辛物提取，植物油制取，炸油再生，油脂脱臭、脱色，食品原料脱脂，功能性物质的萃取以及有效成分的分离等。

2. 膜分离技术

膜分离过程是以选择性透过膜为分离介质，当膜两侧存在某种推动力（如压力差、浓度差、电位差、温度差等）时，原料则选择性地透过膜，以达到分离、提纯的目的。不同的膜分离过程使用不同的膜，推动力也不同。目前已经工业化应用的膜分离过程有微滤（MF）、超滤（UF）、反渗透（RO）、渗析（D）、电渗析（ED）、气体分离（GS）、渗透气化（PV）、乳化液膜（ELM）等。

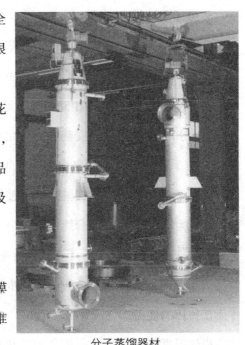

分子蒸馏器材

膜技术共同的优点是：节约能源；在常温下进行，特别适用于热敏性物质的处理，能够防止食品品质的恶化和营养成分及香味物质的损失；食品的色泽变化小，能保持食品的自然状态；设备体积小且构造简单，费用较低，效率较高；适用范围广，有机物和无机物都可浓缩，可用于分离、浓缩、纯化、澄清等工艺。

膜技术的缺点是：产品被浓缩的程度有限；有时其适用范围受到限制，因加工温度、食品成分、PH 值、膜的耐药性、膜的耐溶剂性等的不同，有时不能使用分离膜；规模经济的优势较低，一般需与其他工艺相结合。

3. 分子蒸馏技术

分子蒸馏是指在高真空条件下，蒸发面和冷凝面的间距小于或等于被分离物料的蒸汽分子的平均自由程，由蒸发面逸出的分子，既不与残余空气的分子碰撞，自身也不相互碰撞，毫无阻碍地喷射并凝集在冷凝面上。液体混合物在高真空度下受热，能量足够的分子在低于沸点的温度下逸出液面，由于轻分子的平均自由程大于重分子平均自由程，且蒸发速度快，在距蒸发面适当位置处设置捕集器，使轻分子不断被冷凝捕集，从而破坏轻分子的动态平衡，使混合物中的轻分子不断逸出，而重分子因不能到达捕集器很快趋于动态平衡，不再从混合液中逸出，从而实现分离的目的。

分子蒸馏技术作为一种与国际同步的高新分离技术，具有其他分离技术无法比拟的优点：

操作温度低（远低于沸点）、真空度高（空载≤1帕）、受热时间短（以秒计）、分离效率高等，特别适宜于高沸点、热敏性、易氧化物质的分离；可有效地脱除低分子物质（脱臭）、重分子物质（脱色）及脱除混合物中杂质；其分离过程为物理分离过程，可很好地保护被分离物质不被污染，特别是可保持天然提取物的原来品质；分离程度高，高于传统蒸馏。

在应用领域方面，国外已在数种产品中进行工业化生产。特别是近几年来在天然物质的提取方面应用较为突出，如从鱼油中提取 EPA 与 DHA、从植物油中提取天然维生素 E 等。另外，在精细化工中间体方面的提取和分离，品种也越来越多。

4. 冷冻干燥技术

冷冻干燥是指通过升华从冻结的生物产品中去掉水分或其他溶剂的过程。升华指的是溶剂不经过液态，从固态直接变为气态的过程。冷冻干燥得到的产物称作冻干物，该过程称冷冻干燥。

传统的干燥会引起材料皱缩，破坏细胞，在冷冻干燥的过程中样品的結构不会被破坏，因为固体成分被在其位子上的坚冰支持着。在冰升华时，它会留下孔隙在干燥的剩余物质里，这样就保留了产品的生物和化学结构及其活性的完整性。

冷冻干燥技术用途十分广泛，早在20世纪初，科学家就在实验室中用冻干的方法来保存生物标本、菌种等，后来在工业上一些制药厂用冻干的方法来生产抗生素、疫苗、血清和各种生物药品。到了20世纪60年代，欧美、日本等开始用冻干的方法生产食品，主要品种有蘑菇、大蒜、蔬菜、牛肉、海产品、咖啡等。到了80年代，冻干产品生产几乎包罗万象，诸如各种饮料、调料、快餐食品、小食品、保健食品、水产、肉蛋、食用菌、酶制剂、藻类等，同时规模和产量也不断扩大。

知识链接

超声波技术

超声波为频率高于20000赫兹以上的、有弹性的机械振荡，由于其超出人的听觉上限，故称为超声波，超声波具有多种物理和化学效应。超声波在食品行业中的应用主要包括：超声波提取、超声波杀菌、食品添加剂的合成、超声干燥与除气、超声乳化和均质、过滤、超声分析检测、超声控制结晶、超声清洗和除沫、微生物代谢、食品快速解冻等多个方面。超声波技术必将成为21世纪的一个热门话题。

 科学先驱树榜样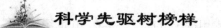

1. 世界数学家：华罗庚

华罗庚（1910—1985 年），世界著名数学家。江苏金坛人，中共党员。初中毕业后开始自学，20 岁时，以一篇论文轰动数学界，后被清华大学聘任。1946 年 9 月，华罗庚应纽约普林斯顿大学邀请去美国讲学，并于 1948 年被美国伊利诺伊大学聘为终身教授。

1949 年，华罗庚毅然放弃国外的优裕生活携全家返回祖国。担任了清华大学数学系主任、中科院数学所所长等职。1956 年，他着手筹建中科院计算数学研究所。1958 年，担任中国科技大学副校长兼数学系主任。1985 年 6 月 12 日，华罗庚在日本东京作学术报告时，因心脏病突发不幸逝世，享年 74 岁。

20 世纪 40 年代，华罗庚在国际数学界声名鹊起。在美国，他常常被许多知名大学请去讲学。1948 年，伊利诺伊大学把他聘为终身教授，并给了他相当优厚的待遇，希望把那里建成世界级的代数研究中心。中华人民共和国成立后，华罗庚毅然决定回国，并发表了热情洋溢的《致中国全体留美学生的公开信》，号召全体留美学生回国报效，积极投身新中国的建设事业。

1950 年，华罗庚冲破美国政府的重重阻挠，回到了清华园，担任清华大学数学系主任。接着，他受中国科学院院长郭沫若的邀请开始筹建数学研究所。1952 年 7 月，数学所成立，他担任所长。他潜心为新中国培养数学人才，王元、陆启铿、龚升、陈景润、万哲先等在他的培养下成为著名的数学家。

华罗庚以高度的爱国热情参加新中国的各项社会活动。在从事数学理论研究的同时，他努力尝试寻找一条数学和工农业实践相结合的道路。经过实践，他发现数学中的"统筹法"和"优选法"是工农业生产中能够普遍应用的方法，可以提高工作效率，改变工作管理面貌。于是，他一边在科技大学讲课，一边带领学生到工农业实践中去推广"优选法""统筹法"。他写成《统筹法平话及其补充》《优选法平话及其补充》，亲自带领中国科技大学师生到一些企业工厂推广和应用"双法"，为工农业生产服务。毛主席称赞他"壮志凌云，可喜可贺"，并祝贺和勉励他"奋发有为，不为个人而为人民服务"。

他把"统筹法"和"优选法"用通俗易懂的语言，形象生动地介绍给大家，使得妇孺都能明白，都能轻松地掌握应用，取得了增加生产、提高质量、降低消耗的效果。

从金坛的一个中学生到成为全国最高学府的教授，华罗庚只用了七年时间。正如他所说："只有不畏困难、辛勤劳动的科学家，才有可能攀登上旁人没有登上过的峰顶。"

2. 原子弹之父：邓稼先

邓稼先（1924—1986 年），安徽怀宁人。著名核物理学家，生前是国防科工委副主任。1999 年被追授"两弹一星"功勋奖章。他是一位伟大而备受尊敬的物理学大师，在艰苦的环境下成功地为中国造出了第一枚原子弹和第一枚氢弹，被称为"中国原子弹之父"。

1948—1950 年，邓稼先在美国普渡大学留学，获物理学博士学位。在获得博士学位 9 天后，便谢绝了恩师和校友的挽留，毅然决定回国。1950年 10 月被分派到中国科学院工作，1956 年加入中国共产党，历任核工业部

第九研究院院长 (后来更名为中国工程物理研究院)、核工业部科技委员会副主任、国防科学工业委员会科技委员会副主任。

邓稼先参加组织和领导了我国核武器的研究、设计工作，是我国核武器理论研究工作的奠基者之一。他从原子弹、氢弹原理的突破和试验成功及其武器化，到新的核武器的重大原理突破和研制试验，均做出了重大贡献。作为主要参加者，其成果曾获国家自然科学奖一等奖和国家科技进步奖特等奖。被授予全国劳动模范等荣誉称号。

1924 年 6 月 25 日，邓稼先出生在安徽怀宁县一个书香门第之家，他是清朝被誉为 "四体皆精、国朝第一" 书法家与篆刻家邓石如的第六世孙。邓稼先的父亲邓以蛰是我国著名的美学家和美术史家。邓稼先 5 岁的时候就上小学了，在其父亲的亲自指点下为学习中西文化奠定了基础。1935 年，邓稼先考入崇德中学，与比他高两班且是清华大学院内邻居的杨振宁结为好友。在 1945 年，邓稼先从昆明西南联合大学毕业，而在 1948 年到 1950 年到美国普渡大学攻读理论物理学。

在上学期间，邓稼先已经受到爱国救亡运动的影响。特别是在 "七七事变" 之后，全家人都被滞留在北京，在这种情况下，他秘密参加了抗日聚会。通过父亲的安排，刚刚 16 岁的邓稼先跟着大姐去了大后方，并在四川江津读完高中。在 1941 年考入西南联合大学物理系，师从王竹溪、郑华炽等著名教授。

因为心存以自己所学来报效祖国的理想，邓稼先在 1947 年参加并通过了赴美研究生考试，并且于第二年秋进入美国印第安纳州的普渡大学研究生院继续深造。因为他的学习成绩比较优异，所以没到两年就已经将学分全部修完了，并顺利通过博士论文答辩。当时他只有 26 岁，所以有人称他为 "娃娃博士"。

在 1950 年 8 月，邓稼先学成回国。也就是在这一年的 10 月，邓稼先来到中国科学院近代物理研究所任研究员。当参加北京外事部门的招待会时，有人跟他开玩笑说他是带什么回国的。他说："带了几双眼下中国还不能生产的尼龙袜子送给父亲，还带了一脑袋关于原子核的知识。"在此后的 8 年中，他专门研究中国原子核理论。

在邓稼先就任二机部第九研究所理论部主任后，首先挑选一批大学生来帮助他准备相关俄文资料和原子弹模型。在 1959 年 6 月，因为苏联政府终止了原有协议，所以他们只能依靠自己的能力来研制原子弹和人造卫星。在邓稼先担任了原子弹的理论设计负责人后，他带领同事们来进行研究。当了解到一个苏联专家留下的核爆大气压的数字时，他敢于质疑，最终在周光召的帮助下以严谨的计算推翻了原有结论，最终攻克了导致中国原子弹试验成败的关键性难题。关于这个成果，数学家华罗庚称其为"集世界数学难题之大成"的成果。

当时，中国研制原子弹研究正值三年困难时期，虽然科研人员有充足的粮食，但是却因缺乏油水，所以饥肠辘辘。刚开始，邓稼先还能从岳父那里得到一些粮票的支援，买些饼干之类的食品，没过多久，也和大家一样天天清汤寡水了。虽然条件非常艰苦，但是他们还是钻研得非常刻苦。

邓稼先不仅在科学研究中非常投入，而且还在很多关键时刻，工作在最危险的工作岗位中。他不仅在科研所中呕心沥血地工作，而且还经常到一些危险的地区进行考察。在严寒酷暑的环境中，他过了 8 年的单身生活，其中现场领导核试验 15 次，这为掌握第一手材料提供了机遇。1964 年 10 月，中国成功爆炸的第一颗原子弹就是由他最后签字确定的设计方案。为了更好地证实效果，他还率领研究人员在试验后迅速进入爆炸现场采样。

在 1972 年，邓稼先担任核武器研究院副院长。1979 年又任院长。在 1984 年，他在大漠深处指挥中国第二代新式核武器试验成功。在 1985 年，他的病情已经非常严重，而且到了无法挽救的地步，但是还坚持工作，不幸于第二年病逝。邓稼先临终前留下的话仍是如何在尖端武器方面努力，并叮咛："不要让人家把我们落得太远……"

 扩展阅读　人造纤维器官

随着科学技术的发展和人类需求的增长，人造器官在医学上的运用不断增加，人工肾、人工肺、人造皮肤等成为医学研究的重点。

1. 人工肾

人工肾的种类大致可分为平板型、螺旋型、中空纤维型等多种。其中最主要的是中空纤维型人工肾，它是把几千根甚至更多根中空丝集束在一起制成的。人工肾是利用透析原理：病人的动脉血在中空纤维的中心流动，透析用的等渗溶液在中空纤维外壁流过，人体代谢的废物如尿素、尿酸、肌酐等借助扩散作用从血液中迅速通过纤维膜进入透析液，这样便实现了血液的净化。

上海医疗器械研究所利用进口铜氨中空纤维及纤维黏合剂，成功制造出性能良好的中空纤维透析器。总的来说，人工肾中空纤维材质大部分是铜氨纤维，它是由醋酸纤维素脱乙酰制的再生纤维素，其次是聚丙烯腈、聚甲基丙烯酸甲酯、聚丙烯等。

2. 人工肺

人工肺是一种气体分离装置，它的用途是在对人实行心脏手术时，代替正常的肺起呼吸器官的作用。人工肺的形式主要有两种：膜型 (卷式)、鼓泡型。而膜型人工肺与人工肾相仿，由中空纤维制成。

3. 人工血管

人工血管的发展已有几十年的历史了，能成功地用作人工血管的合成纤维主要是聚酯和聚四氟乙烯，此外还有聚乙烯醇、聚偏氯乙烯、聚氯乙烯、聚酰胺、聚丙烯等。对于直径 10 毫米以上的高血流量、没有关节屈曲部位的动脉，进行人工血管的移植有良好的效果。对于直径在 6 毫米以下的动脉和静脉则移植效果较差，例如用聚酯、聚四氟乙烯、聚酰胺等制成的人工血管进行移植，血管闭塞率达 50% 以上。

近年来，上海胸科医院用不锈钢环的聚酯人造血管进行动脉移植，以代替上腔静脉，既能防止移植血管受压，又可避免纤维本身收缩引起的狭窄，血管通畅率高，能长期使用。各种纤维材料人工血管的制造，原则上可使用中空纤维的纺制方法和工艺。

4. 人工肝

肝是人体中滤除毒素的器官，人体内的肝受损后，经过短期替代装置的代替，一般能恢复原有功能。常用的处理方法是使血液通过一种装有吸附剂的中空纤维管子、膜或床，以除去有毒物质。但此法主要问题是血液变性，血液不相容，低效率，颗粒状物质进入血液。近年来，关于人工肝的新型免疫屏障膜的报道比较常见，该膜由酰胺聚合物组成，含亲水与疏水微区，配体素样蛋白固定在内部多孔膜结构上。此种新型免疫屏障可以防止人体血浆成分对肝细胞所产生的直接细胞素性作用。

5. 人工皮肤

人工皮肤是在治疗烧伤皮肤中的一种暂时性的创面保护覆盖材料，其主要作用有三个方面：防止水分与体液从创面蒸发与流失；防止感染；使肉芽或上皮逐渐生长，促进治愈。

人工皮肤有纤维织物类和膜类等不同类型。纤维织物类人造皮肤的织物层系由聚酰胺、聚酯、聚丙烯等合成纤维材料制成，织物表面呈特殊的丝绒状或毛絮状，目的是使人体组织可以长入其中并固定。人工皮肤的基层由硅橡胶等材料制成，将表面层与基层复合后，再经抗生物处理，即可制得人工皮肤。三层复合的人造皮肤，外面两层都用聚酰胺制成丝绒状，中间层是用聚氨酯、聚硅氧烷制成的，以防止细菌侵入和水分蒸发。这种结构与创面结合速度较快，结合强度高，治疗烧伤的效果极好。

第五章

天时地利

——新能源开发利用新时代

已经广泛使用的煤炭、石油、天然气、水能等能源,称为常规能源。随着常规能源的有限性以及环境问题的日益突出,以环保和可再生为特质的新能源越来越得到各国的重视。

新能源又称非常规能源,是指传统能源之外的各种能源形式。相对于常规能源而言,在不同的历史时期和科技水平情况下,新能源有不同的内容。当今社会,新能源通常指太阳能、风能、地热能、氢能等。

炙热的力量：太阳能

世界上最丰富的永久能源是太阳能。太阳能是一种洁净的自然再生能源，取之不尽，用之不竭，而且太阳能是所有国家和个人都能够得以分享的能源。接下来讲到的太阳能利用仅指直接太阳能的利用，直接太阳能的利用又分为热利用和光利用两个主要方面。太阳能的转换与应用包括了太阳能的采集、转换、储存、传输与应用等方面。

从我国太阳能资源条件和气象观测站多年的统计资料看，我国不仅具有较丰富的太阳能资源，且可利用太阳能为建筑物供暖的区域非常辽阔，而全国 2/3 的供暖地区的日照率主峰正好处于供暖期内，即我国大部分应供暖的地区，在冬季日照条件都比较好。中国太阳能行业的步伐走得从来都不慢，发展速度一直处于世界前列。

1. 依托完整产业链产品从单一走向多元化

在中国 4000 多个尚存的太阳能企业中，像力诺瑞特、皇明一样拥有自主知识产权的企业少之又少。知识产权是企业生存发展的一大动力，它一方面为企业发展谋取更大的资源空间，另一方面也使企业产品更有市场竞争力。在国外，知识产权被国家和企业视为竞争基本点，而在中国却被很多企业忽视。

作为力诺集团与德国 Paradigma 公司强强联合成立的太阳能热利用高新技术企业，力诺瑞特自成立以来，它的快速发展得益于"研发为龙头"的技术创新理念。知识产权优势是自主创新技术诞生的基础，正是在此战略之下，力诺瑞特才依托力诺集团独步亚洲的完整的太阳能产业链优势，逐一将产品从单一完善至多元化，并形成具有核心竞争力的生产链。

目前，大多数太阳能热水器的生产企业，其产品价格随着原材料或者配件价格的波动或涨或降，企业失去自我控制力。而集矿山开发、高硼硅玻璃、太阳能真空集热管、太阳能热利用系统于一体的、全球最大的太阳能光热利用完整产业链，使力诺瑞特在保证产品质量的基础上，降低了生产成本，提升了企业竞争力。

2. 服务从上到下深入消费终端

第三次太阳能下乡中，出现众多太阳能热水器服务无保障现象。究其原因，除企业重视度低以外，还和企业、经销商、消费者三者的销售脱节有关。90%的太阳能企业在服务环节上，要么进行"企业单唱"，要么任由经销商而去。无战略、无部署的战斗终究会以失败告终，因此这个冬季四成左右的热水器受冻"罢工"，也就不足为奇了。

近日，力诺瑞特在年度经销商大会上，透露出公司未来服务动向：服务从上到下，深入消费终端。所谓深入，即把企业精神正确传达给经销商，再由经销商直接服务消费者，实行"服务走出生产企业、进入千家万户"的策略。而在过去的一年中，力诺瑞特力推的"百万用户大回访""金牌服务村村通"等工程项目，都践行了其自上而下的务实服务理念。

3. 市场从内到外打入国际舞台

据了解，国内很多产业都不具备国际竞争力，常常把引进外国生产线作为提升企业实力、品牌形象的筹码。我国太阳能市场虽然弊病颇多，但行业技术的研发能力和规模化推广应用都在国际上达到较高水平。只是，真正能够走上国际舞台的企业和产品都还不多。针对家电下乡"一窝蜂"现象，力诺瑞特强调一定不要只在内部用力，停留在某一坐标点，而是要着力夯实企业实力，向国际市场全面发力。家电下乡和农村市场固然是很大的"奶酪"，但等这块市场被瓜分之后，太阳能企业还应往外看，向前望。中德合资企业力诺瑞特为中国太阳能走向世界舞台开了个好头。其产品先后得到澳洲 StandardsMark 认证、欧洲 SolarKeyMark 认证、美国 SRCC 认证。其一体式承压热水器，更是通过了南非政府的严格测试，是中国太阳能行业唯一通过南非政府测试的产品。

作为一家国际太阳能热水器专业制造商，力诺瑞特现已拥有专业高效的国际销售团队、掌握国际尖端技术的研发团队，营销网络遍及全球。它以高效的市场运作，出口量在行业内遥遥领先。2008 年，力诺瑞特率先打破国内太阳能技术没有输出的历史，与古巴政府签订技术输出合同，同时力诺瑞特在德国成立瑞高国际控股公司，在澳大利亚等地设立分公司，加大开拓国际市场的力度。

力诺瑞特总经理申文明说："借助在上海国际大都市的影响力，力诺瑞特除了在上海建立专业研究院外，还将不断拓宽国际市场范围，立足中国，辐射全球。练好内功，走向国际始终是我们的目标和梦想。"

我国的太阳能企业有技术有决心，面对困难也不退缩，迎难而上抓住机遇力求开创新时代，这种精神造就了我国强大的太阳能企业，也是我们应该学习的精神。

聚变的力量：核能

随着世界能源需求的增长，化石燃料逐渐消耗殆尽，严重的环境污染和气候变暖的现实以及尚未成熟的再生能源技术，再加上高涨的天然气和煤炭价格，使得核电成为人们的希望，就这样，核能技术走进了人们的日常生活。

核能又称原子能，它是人类历史上的一项伟大发明，是人类在寻找新能源的道路上发现的又一颗新星。它的产生有两种不同的途径：核裂变和核聚变。核裂变又称核分裂，它是将平均结合能比较小的重核设法分裂为两个或多个平均结合能较大的中等质量的原子核，从而释放出能量。核裂变所使用的燃料主要是铀。核聚变又称热核反应，是由两个或两个以上的较轻的原子核在高温等特定条件下聚合成一个较重的原子核时释放出巨大能量的反应。

核能发电是利用核反应堆中核裂变所释放出的热能进行发电的方式。它与火力发电极其相似，只是以核反应堆及蒸汽发生器来代替火力发电的锅炉，以核裂变能代替矿物燃料的化学能。除沸水堆外，其他类型的动力堆都是一回路的冷却剂通过堆心加热，在蒸汽发生器中将热量传给二回路或三回路的水，然后形成蒸汽，推动汽轮发电机。沸水堆则是一回路的冷却剂通过堆心加热变成 70 个标准大气压左右的饱和蒸汽，经汽水分离并干燥后直接推动汽轮发电机发电。

一般情况下，核电站的汽轮发电机及电器设备与普通火电站大同小异，其奥妙主要在于核反应堆。核电站除了关键设备——核反应堆外，还有许多与之配合的重要设备。以压水堆核电站为例，它主要包括主泵、稳压器、蒸汽发生器、安全壳、汽轮发电机和危急冷却系统等。它们在核电站中有各自的特殊功能。

核反应所放出的能量较燃烧化石燃料所放出的能量要高很多（相差约百万倍），比较起来其所需要的燃料体积比火电厂少得多。核电厂每年要用掉 80 吨的核燃料，只要 2 只标准货柜就可以运载。如果换成燃煤，需要 515 万吨，要用载重为 20 吨的大卡车运 705 车才够。如果使用天然气，需要 143 万吨，相当于每天烧掉 20 万桶天然气。

目前，环境污染问题大部分是由使用化石燃料引起，核电站并不排放这些有害物质，与火电厂相比，它能很好地改善环境质量，保护人类赖以生存的生态环境。

中国在利用核能方面有很大的发展。浙江嘉兴的秦山核电站位于杭州湾畔，一期工程是中国第一座依靠自己的力量设计、建造和运营管理的 30 万千瓦压水堆核电站。1985 年 3 月浇灌第一罐核岛底板混凝土，于 1991 年 12 月首次并网发电，1994 年 4 月投入商业运行，1995 年 7 月通过国家验收。

广东省深圳市龙岗区大鹏半岛的大亚湾核电站 1987 年 8 月 7 日工程正式开工，1994 年 2 月 1 日和 5 月 6 日两台单机容量为 984MWe 压水堆反应堆机组先后投入商业营运。

岭澳核电站一期工程于 1997 年 5 月开工建设。它位于广东大亚湾西海岸大鹏半岛东南侧。岭澳核电站是"九五"期间中国开工建设的基本建设项目中最大的能源项目之一。岭澳核电站（一期）拥有 2 台百万千瓦级压水堆核电机组，2003 年 1 月全面建成投入商业运行，2004 年 7 月 16 日通过国家竣工验收，2008 年展开二期工程建设。

中国大陆首个在海岛上建设的核电站 2008 年 2 月 18 日正式动工，即被正式列入《国家核电中长期发展规划（2005—2020 年)》中的福建宁德核电站。该项目位于福建省宁德市辖福鼎市秦屿镇的备湾村，濒临东海，南距福州 143 公里，北距温州 113 公里，是中国大陆地区第一个在海岛上建设的核电站。

截至 2012 年 11 月，中国有 15 座在运行反应堆，其中包括秦山核电站（1–3 期）共 7 个机组，大亚湾核电站 2 个机组，岭澳 4 个机组，田湾 2 个机组。核电总发电量占全国发电量的 1.85%；有 26 个在建机组，其中包括三门核电站 2 个机组，海阳核电站 2 个机组，方家山 2 个机组，防城港 2 个机组，红沿河 4 个机组，宁德 4 个机组，阳江 3 个机组，福清 3 个机组，台山 2 个机组，海南昌江 2 个机组；有 28 台机组，装机容量为 3087 万千瓦。中国已成为世界在建核电机组规模最大的国家。

中国核电，经过 30 年发展出两代核电机组，成功成为核电领域先进国家。

知识链接

世界的核电站发展

1954 年，苏联建成了世界上第一座核电站。英、美等国也相继建成各种类型的核电站。由于核浓缩技术的发展，到 1966 年，核能发电的成本已低于火力发电的成本。核能发电真正迈入实用阶段。截止 2012 年 11 月，全世界核电运行机组共有 437 台，在建机组 64 座。全世界在运行的机组总装机容量达 37 1762 兆瓦。

呼啸的力量：海洋能

海洋能即海水本身蕴藏的能量，如潮汐能、海水温差能、波浪能、海流能、盐差能等等。海洋能具有可再生性、无污染等优点，具有广阔的应用前景。

海洋能主要指海水中蕴有的热能。包括海洋表面层吸收并储存的太阳辐射能、海洋热流及海洋其他物质生成或其他形式能量转换成的热能等。

盐差能是指在江河与大海交融处，淡水和盐水之间的巨大渗透压力差构成的浓度差能。

潮汐能是指海水有规则的涨潮落潮而蕴有的动能和势能。其大小取决于潮流速度大小和潮差高低，可用来发电，是比较重要的海洋能之一。

潮汐是月球和太阳对地球的相互引力及地球自转所产生的海水涨落现象。人们根据水力发电的原理，提出了潮汐发电的概念，并着手在沿海建立潮汐发电站。

潮汐电站属水力发电，是靠水轮机带动发电机发电，与普通水电站差不多。它的特点是流量大，水头低（水位的落差小）。海水不像河水，它有腐蚀性，且有海洋生物附着结垢，因此它对水上建筑物和水轮机组有特殊的要求。

潮汐电站一般没有淹没损失和移民问题，相反还会带来一些海涂围垦和水库养殖的好处，有的还能改善海湾两岸的交通条件，综合效益较好。

海洋受太阳的照射，海面上的水温比深层水温高，两者之间存在的温度差，可以用来发电。

在我国的南海，表层水温可达 25℃ 以上，海面下 500 米深处水温只有 5℃—7℃，温差大约有 20℃ 温差 20℃ 的海水，每吨所含的热能相当于 3 公斤煤。地球上的所有海水温差所含的热能，相当于 40 亿亿吨煤的发热量。这个能量来自太阳，是一种永不枯竭的能源。

早在 50 年前，就有人研究出利用海水温差发电的方法：利用海水的热量把丙烷、氨、氟利昂等液体变成蒸气，再用蒸气去推动汽轮机转动，带动发电机发电。因为这些液体在零下 20℃ 以下就煮沸，在受 25℃ 热海水加热时，用不着真空低压就蒸发成气体。从涡轮发电机里出来的蒸汽，压力和温度都已降低，进入冷凝器后，用海洋深处 5℃ 的低温海水冷却，再经液体加压器加压，重新变成液态，送回蒸发器中循环使用，不断发电。

海水温差发电同潮汐发电、海浪发电或太阳能发电相比，能量来源稳定可靠，不受时间、气候等条件的限制。

奔腾的海浪，蕴藏着巨大的能源。据测试，海浪对海岸的冲击力每平方米可达 20—30 吨，大的甚至达到 60 吨。它可以把 13 吨重的岩石抛到 20 米的高处，使 1700 吨重的岩石翻身，还能把万吨轮船推到岸上。海浪发电，有着巨大的开发潜力。在一平方千米的海面上，一起一伏的海浪蕴藏着 20 万千瓦的能量。科学家通过一次又一次的试验，目前终于找到了一些海浪发电的方法。

海浪发电通常采用的是空气活塞式波力发电装置。它用一个直径 60 厘米、长 4 米的圆筒，上面有两个活塞室，垂直沉下海去，部分浮出水面，很像一个浮标。当波浪上下波动时，活塞室中的空气不断受到压缩和扩张，如同风箱一样。受压缩的空气从露出海面的喷口中以极快的速度喷出，冲向涡轮机使它快速旋转，带动发电机发电。

单个浮标式波力发电装置的发电能力很小，建造装有许多个装置的试验船，力量就大了。一条长80米、宽12米、重500吨的船，装20个浮筒，在3米高海浪的海面上，能发电2000千瓦。

还有一种固定波力发电装置。它把空气活塞室固定在海岸边，通过管道内水面的升降来代替浮标的上下，使活塞室内的空气反复受到压缩和扩张的作用。

在每一千米长的海岸线上，大约可以从海浪那里得到几万千瓦的发电能量。我国有着漫长的海岸线，海浪发电有着巨大的潜能。

地下的力量：地热能

地热能指地壳内部的热能。地热能大约是世界上油气资源所能提供能量的5万倍，每天从地球内部传到地面的能量，就相当于全人类一天使用能量的2.5倍。

地热能有两种类型：一是以地热水或蒸汽形式存在的水热型；另一种则是以干热岩体形式存在的干热型。干热岩体热能是未来大规模发展地热发电的真正潜力。

我国开发利用地热资源已有上千年的历史，早在秦朝时期，人们就认识到了利用温泉水治疗身体的疾病，治疗创伤，后世对于地热的利用更加频繁，尤其改革开放以来，地热资源的开发利用无论在规模、深度和广度上都有了长足发展。

1. 我国地热资源利用现状

我国地热可开采资源量为每年 68 亿立方米，所含地热量为 973 万亿千焦，折合每年 3284 万吨标准煤的发电量。目前，中国地热资源开发利用已初具规模，年利用地热能为 100 亿千瓦·时。

据中国可再生能源学会介绍，目前我国年利用地热能约 4.45 亿立方米，居世界第一位，而且每年以近 10%的速度增长。

2. 我国地热资源的特点

量大而温度较低，这是我国地热资源的第一个特点；另一个特点是，这些地热资源大都不在深山老林人迹罕见之处，而是离主干线公路、铁路不远，交通比较方便，离人口稠密区不远 (或就在其中)，易于开发，这对以旅游为轴线进行梯级综合开发和利用是非常有利的。

3. 我国地热利用方式

地热资源的开发利用包括发电和直接利用两个方面。在我国被广泛地用于发电、供暖、温泉疗养、工业利用、医疗、洗浴、水产养殖、农业温室、矿泉水生产、灌溉等。北方地区开发地热资源主要用于供暖、洗浴、温泉疗养，南方地区则主要用于发展旅游、水产养殖、温泉疗养等。

4. 我国地热资源的开发前景

目前，全国地热发电装机容量 88%集中在西藏。其中，羊八井地热电站已稳定运行了 30 年。由于西藏地区传统能源如油气、煤炭缺乏，而高温地热资源又颇为丰富，因此在解决当地能源供应问题上起很大作用。据估计，滇藏地热带的发电潜力为 5817.65 兆瓦。

进入 20 世纪 90 年代，随着全球环境保护意识的增强，我国地热兴起了直接利用的高潮，尤其在高纬度寒冷的三北（东北、华北、西北）地区，加大了以地热供暖 (采暖和生活用水) 为主的开发力度。这项工作的开展不仅减少了大量有害物质的排放，而且还能取得明显的经济效益。

5. 我国地热能的远景规划

根据我国地热开发利用现状、资源潜力评估和国家、地区经济发展预测，地热产业规划目标任务初期、中期、远期三个阶段。

（1）初期目标与任务

改善高温地热发电状况。主要在羊八井地热电站，对现有地热发电装备进行完善、优化，稳定发电 25 兆瓦；力争利用 ZK4001 孔高温地热流体，增发、满发，达到总装机 30 兆瓦；努力完成滇西腾冲高温地热井施工，打出 250℃地热流体，力争发电潜力达到 12 兆瓦。

地热采暖达到 950 万平方米。主要在京津地区、京九沿线的山东西部和松辽盆地的大庆地区，完善、优化已有地热供热工程，选点建立示范区。

（2）中期目标与任务

高温地热发电装机达到 40—50 兆瓦。主要在西藏羊八井开发利用已有深部高温热储，积极建设西藏羊易地热电站；在滇西腾冲高温地热田力争完成 250℃以上 1—2 口地热生产井施工，发电潜力 12 兆瓦以上。

地热采暖达到 1500 万平方米。主要在京津冀、京九沿线的山东西部、松辽盆地的大庆地区建立地热示范区。单井地热采暖达 10—15 万平方米，单个地热采暖区 50—100 万平方米。在已开发的地热田建立生产回灌系统。

（3）长期目标与任务

高温地热发电装机达到 75—100 兆瓦。主要藏滇高温地热勘探开发 200℃—250℃以上深部热储。力争单井地热发电潜力达到 10 兆瓦以上，单机发电 10 兆瓦以上。

地热采暖达到 2200—2500 平方米，主要在北方京津冀地区、环渤海经济区、京九产业带、东北松辽盆地、陕中盆地、宁夏银川平原地区发展地热采暖、地热高科技农业，建立地热示范区。单井地热采暖工程力争达到 15 万平方米。

知识链接

地热"医疗"

地热在医疗领域的应用有可期的前景，热矿水就被视为一种宝贵的资源，世界各国都很珍惜。由于地热水从很深的地下提取到地面，除温度较高外，常含有一些特殊的化学元素，从而使它具有一定的医疗效果。如含碳酸的矿泉水供饮用，可调节胃酸、平衡人体酸碱度；含铁矿泉水饮用后，可治疗缺铁贫血症；氢泉、硫水氢泉洗浴可治疗神经衰弱和关节炎、皮肤病等。由于温泉的医疗作用及伴随温泉出现的特殊的地质、地貌条件，使温泉常常成为旅游胜地，吸引大批疗养者和旅游者。

 蓬勃发展的风电市场

风能是流动的空气所具有的能量。风能是非常重要并储量巨大的能源，它安全、清洁、充裕，能提供源源不绝、稳定的能源。目前，利用风力发电已成为风能利用的主要形式，受到世界各国的高度重视，而且发展速度也较快。

风力用于发电至今大约只有100年时间，但它却以其强大的生命力，成为今天风能开发利用的主力军，并有更加看好的明天。近年来，中国风电产业发展速度远远大于其他能源的发展速率，2006年和2007年的年增长率都超过100%。业内专家预计，在2020年之后，中国风电可能超过核电成为第三大主力发电电源；在 2050 年甚至可能超过水电，成为第二大主力发电电源，风力发电将成为中国的主要战略能源之一。

蓬勃发展的风电市场还给中国风机制造业带来了机遇。随着北美洲和亚洲风电市场的扩大，风机产业基地逐渐从欧洲和印度延伸到美国和中国。中国的风机制造业在近 3 年是世界上发展最快的，10 多个大型整机企业具有年产上百台兆瓦级风机的能力，零部件配套体系也日渐完善。

目前风电场、整机行业的寡头竞争格局开始形成。2007 年五大发电集团占据了 60%左右的风电场份额，2008 年金风科技、华锐风电和东方电气占据了 57.4%的整机市场份额。

风能发电

随着风电行业于 2010 年后产能过剩，行业整合不可避免。纵向整合是行业发展的必然趋势，深度的纵向整合不仅能够保障供应安全，提高机组质量，而且能够提高盈利能力和稳定盈利水平。东方电气和华锐风电在纵向整合上具有良好的潜力。在整机的销售渠道方面，可以认为，整机厂商在未来四五年内不具备机组大批量出口条件，自行开发风电场对带动机组销售量的贡献有限，因此，随着五大发电集团在风电场份额进一步扩大与五大发电集团的联盟关系可靠程度决定了整机厂商未来的市场份额。东方电气和华锐风电背靠大集团，在这个方面有着天然的优势。风电机组的技术、质量和服务是作为整机厂商能够长期生存的基本条件。东方电气、华锐风电和金风科技在这三个方面各有千秋。东方电气和华锐风电背靠实力强硬的大集团，不仅拥有雄厚资金实力，在纵向整合能力和潜力上胜人一筹，而且在开拓和维护与五大电力集团的关系上有天然的优势，两者极有可能是在风电行业竞争长跑中的领跑者。

与太阳能光伏产业一样，中国风电产业也有着同样的尴尬。虽然有着强大的设备制造能力以及丰富的风能资源，但中国对风电机组的利用率却异常低下。目前中国的风电装机容量利用率仅为印度的3/4，德国的1/4。

虽然目前中国风电发展取得了明显成绩，但仍面临一些问题，需要在以下几方面改进：一是要开展大规模风电接入电网技术研究；二是要提高风电机组设备制造研发能力；三是要完善促进风电发展的政策环境。

目前，中国风电开发建设规模有望超过1亿千瓦。重点依托"三北"及江苏沿海风能资源丰富区，以"建设大基地、融入大电网"的方式进行规划和布局。初步计划在河北、内蒙古、吉林、甘肃、新疆、江苏等省建设10多个百万千瓦级风电基地和7个千万千瓦级风电基地，形成若干个"风电三峡"，风电在局部地区电力供应中达到较高比例。同时，培育出国内具有自主知识产权的兆瓦级及以上风电机组及零部件品牌，风电技术水平和装备能力基本达到国际水平。

早在2009年6月，国家电网公司就向社会公布了"智能电网"发展计划，根据该计划，智能电网发展在中国将分为三个阶段逐步推进，到2020年，可全面建成统一的"坚强智能电网"。由于智能电网便于风电等新能源并网发电，风力发电受制于电网调度的瓶颈有望打破，所以该计划堪称风能等新能源发展的一大"利好"。人们常用"车多路少"来形容中国风电发展面临的窘境。近年来中国风力发电突飞猛进，但与此同时，中国电网设计与建设却相对落后，从而导致风力发电项目纷纷上马，却在电能上网时受阻。

现在大部分风力发电厂都与电网公司签订必须完全接受电网调度的合约，否则电网公司就不同意风电上网，由此，风电厂无法发挥全部产能。

风电若要获得长足发展，智能电网的配套建设已成一大前提，智能电网将成为新能源资源新的发送、调配平台，从而打破风电发展面临的电网制约瓶颈。与传统电网相比，智能电网具有更为强大的兼容性，为可再生能源发电的发展，创造了更大的可能。而一旦智能电网建成，国家将通过政策鼓励家庭和企业安装小型高效的可再生能源发电设备，并支持消费者购买或出售绿色电力。也就是说，智能电网可供风能、太阳能、地热能等及时接入电网，介入过程还可以自行控制。

智能电网建成虽值得期待，但仍需要一个比较漫长的过程。按照国家电网公司公布的计划，2009 年至 2010 年为规划试点阶段，2011 年至 2015 年为全面建设阶段，2016 年至 2020 年为引领提升阶段，换言之，用不了多久，中国将迎来一个技术和装备全面达到国际先进水平的"坚强智能电网"。

未来中国风电发展将呈现出新的趋势：一是经过 20 多年的发展，未来风电相对于太阳能等可再生资源技术将更成熟、成本更低、对环境破坏更小；二是实现风力发电技术装备国产化；三是海上风力发电兴起并将成为重要能源形式；四是风力发电机组不断向大型化发展。

环保的矿物：天然气

在所有矿物燃料中，天然气最清洁。天然气属于一次能源，其杂质含量非常少。在其燃烧之后基本上没有什么污染，所以有一定的环保性。天然气的主要成分是氢气和甲烷，无毒。但是人工煤气则含有一氧化碳等有毒气体，一旦出现泄漏，将会直接威胁人体健康。

除此之外，天然气的燃点比液化石油气要高，相对来说不容易燃烧。天然气比空气轻，而液化气则要比空气重，如果发生泄漏，天然气容易被风吹散，不会发生危险；而液化气则可能积聚在低洼处，形成重大隐患。引发天然气爆炸的极限要比液化气爆炸的极限窄。

天然气是一种洁净环保的优质能源，基本上不含有有害物质。在燃烧时，其产生的二氧化碳是非常少的，基本上不会影响环境质量，所造成的温室效应也较低。

与人工煤气相比，天然气有着相近的热值价格，而且较为清洁干净，能延长灶具的使用寿命。同时，天然气还能减少用户维修费用。可见，天然气优点众多，其必然成为经济发展的新动力，而且还有利于环境改善。

天然气无毒、易散发，比重轻于空气，不容易积聚，所以也不容易爆炸，其安全性非常高。天然气的热值很高，燃烧后对环境污染小，是所有燃料中单位热值二氧化碳排放量最低的，而且氧化物的排放量也很低。相信它即将成为接替煤和石油的主要能源。

目前，国内燃煤热电厂优点很多，如节约能源、占地少、改善环境。但是也存在很多明显的缺陷：

1.投入大、费用高，因为城市热网的建设需要大量资金，所以供热成本是非常高的。

2.由于计量不规范，热控水平不高，导致在供热环节出现很大浪费，特别是在一些公共建筑中，即使无人也在持续供热，这便是一种浪费。同时原有城市规划对热网考虑不够，使增建的热网管道影响城市美观，敷设时部分建筑物需要拆迁等。

3.城市中的热电厂增加了市内污染物的排放，使局部环境恶化。因此有必要借鉴发达国家的经验，如一些国家采用分散供热的模式，工业企业自备热电站和分散的小型热电站相现结合的方式，分别满足工业和居民的热需求。在这种情况下，燃用天然气的燃气机成为人们选择的主要供热发电设备之一。

早在1894年已有了以天然气为燃料的发动机，经过不断发展和完善，形成了可燃多种燃料（包括垃圾填埋场产生的填埋气）的燃气机和燃天然气—轻柴油的双燃料柴油机。为了更好地节约能源，还充分利用废热供热或再次发电，实行热电联供，大大增加了经济性。从效率上而言，单机输出功率50兆瓦以下的热机以柴油机和燃气机为最高，发电效率可达40%以上，热电联供效率更高达80%；单机功率大于50兆瓦时，燃气—蒸汽联合循环机组的效率较高。有鉴于此，目前国际上燃气机及双燃料柴油机应用很广。

近年来，随着经济的不断增长和环境保护的不断加强，中国的能源结构开始越来越多的从煤炭、石油转向天然气。天然气将是中国满足日益增长的能源需求和解决迫切环境挑战的最佳选择，天然气在能源结构所占比例的上升，将产生巨大的经济、环境和社会价值。中国的天然气需求将以每年8%的速度增长，到2025年，整个天然气市场的规模将是目前的2.5倍。

中国将引领全球未来的天然气需求增长；如果天然气在一次能源消费总量中所占的比例从 2012 年的 4%增长到 2025 年的 8%，由此导致的煤炭消费减少可以在 13 年内节约 5 万亿元人民币的环境成本。这意味着平均每年节约 3800 亿元，约占年度 GDP 的 0.5%，规模相当于当前青海省经济总量的 2 倍。

国际能源署（IEA）甚至称之为"天然气黄金时代"的来临，展示了天然气可以产生的巨大经济和环境潜力。过去 13 年来，中国的天然气使用量增长了 7 倍至 1680 亿立方米。如今，国产天然气供应能力将达到 1760 亿立方米左右。中国如今已经是仅次于美国和俄罗斯的全球第三大天然气消费国。

知识链接

我国天然气分布

中国天然气资源主要分布在中国的中西盆地。同时，中国还具有主要富集于华北地区非常规的煤层气远景资源。经过十几年的艰苦勘探，成果已清晰地展现在世人面前。它表明，在中国 960 万平方千米的土地和 300 多万平方千米的管辖海域下，蕴藏着十分丰富的天然气资源。专家预测，资源总量可达 40—60 多万亿立方米，表明中国是一个天然气资源大国，勘探领域广阔，潜力巨大，前景十分美好。近年来，祖国的东南西北中天然气勘探喜讯频传，初步为我们描绘出了 21 世纪天然气发展的轮廓。

冰火的交融：可燃冰

可燃冰是能够燃烧、能够供暖的一种特殊的"冰"。可燃冰是一种很特殊的物质，是由天然气与水在高压低温条件下结晶形成的固态笼状化合物。纯净的可燃冰呈白色，形似冰雪，能像固体酒精一样直接点燃，被形象地称为"可燃冰"。

在自然界发现的可燃冰多呈白色、淡黄色、琥珀色、暗褐色等轴状、层状、小针状结晶体或分散状。它们可存在于0℃以下，又可存在于0℃以上温度环境。气水合物可以以多种方式存在：它们可以占据大的岩石粒间的孔隙；还可以以球粒状散布于细粒岩石中；还能够以固体形式填充在裂缝中；或者大固态水合物伴随少量沉积物。

气水合物与冰、含气水合物层与冰层之间有明显的相似性：相同的组合状态的变化——流体转化为固体；均属放热过程，并产生很大的热效应——0℃融冰时需用0.335千焦的热量，0℃—20℃分解可燃冰时每克水需要0.5—0.6千焦的热量；结冰或形成水合物时水体积均增大——前者增大9%，后者增大26%—32%；水中溶有盐时，两者相平衡温度降低，只有淡水才能转化为冰或水合物；冰与气水合物的密度都不大于水，含水合物层和冻结层密度都小于同类的水层；含冰层与含水合物层的电导率都小于含水层；含冰层和含水合物层弹性波的传播速度均大于含水层。

可燃冰中，水分子（主体分子）形成一种空间点阵结构，气体分子（客体分子）则充填于点阵间的空穴中，气体和水之间没有化学计量关系。形成点阵的水分子之间靠较强的氢键结合，而气体分子和水分子之间的作用力为范德华力。到目前为止，已经发现的可燃冰的结构有三种，即结构Ⅰ型、结构Ⅱ型和结构 H 型。结构Ⅰ型气水合物为立方晶体结构，其在自然界分布最为广泛，仅能容纳甲烷、乙烷这两种小分子的烃及氮气、二氧化碳、硫化氢气体等非烃分子；结构Ⅱ型气水合物为菱形晶体结构，除包容C1、C2 等小分子外，较大的"笼子"（水合物晶体中水分子间的空穴）还可容纳丙烷及异丁烷等烃类；结构 H 型气水合物为六方晶体结构，较大的"笼子"甚至可以容纳直径超过异丁烷的分子。结构 H 型气水合物早期仅存在于实验室，1993 年才在墨西哥湾大陆斜坡发现它的天然产物。Ⅱ型和 H型水合物比Ⅰ型水合物更稳定。除墨西哥之外，在格林大峡谷也发现了Ⅰ、Ⅱ、H 型三种气水合物共存的现象。

在一定的温压条件下，即在气水合物稳定带（HSZ）内，气水合物可以稳定存在，如果脱离这种环境气水合物就会分解。气水合物一般随沉积作用的发生而生成，随着沉积的进一步进行，稳定带基底处的气水合物由于等温线的持续变化而分解。孔隙中的水达到饱和后会产生游离气体，向上运动到水合物稳定带并重新生成水合物。但是在离开稳定带后，人们发现可燃冰仍具有相对的稳定性。实验发现，在一定晶体中生长的气体水合物，在大气压和0℃以下可以保存好几天。水合物的初始分解导致在水合物样品的表面形成一层脱离的膜，该膜可减缓或能阻止水合物的进一步分解，这一现象被称为气水合物的自保性。这种水合物如薄冰层，可在大气压条件和冻结温度以下稳定存在 4 小时。

20 世纪 70 年代，美国地质工作者在海洋中钻探时，意外地发现了一种看上去像普通干冰的物体，当它从海底被捞上来后，那些"冰"迅速融化，成为冒着气泡的一滩泥水，而那些气泡却意外地被点着了，这些气泡就是甲烷。这些像干冰一样的灰白色物质就是可燃冰。

可燃冰的分子结构非常复杂，最常见的是甲烷水合物，就是 46 个水分子包围了 8 个甲烷分子，就像一个一个的"笼子"，由若干水分子组成一个笼子，每个笼子里"关"一个气体分子。它最大的特点是可以燃烧。这是由于小"笼子"里含有甲烷分子超过 99%，因此遇火即可燃烧。

2010 年，中国科考人员在中国南海北部神狐海域钻探目标区内，圈定 11 个可燃冰矿体，含矿区总面积约 22 平方千米，矿层平均有效厚度约 20 米，预测储量约为 194 亿立方米。获得可燃冰的三个站位的饱和度最高值分别为 25.5%、46% 和 43%，是世界上已发现可燃冰地区中饱和度最高的地方。

中国南海可燃冰于 2013 年开钻取样，可供中国用 130 年。根据掌握的情况，中国南海的可燃冰可能主要集中在东沙、西沙和神狐等海域。

据介绍，南海北部的可燃冰储量还只是我国可燃冰蕴藏量的"冰山一角"。在西沙海槽，科考人员已初步圈出可燃冰分布面积 5242 平方千米，其资源估算达 4.1 万亿立方米；在南海其他海域，同样也有天然气水合物存在的必备条件。

对此，调查人员表示，对南海其他区域可燃冰资源的普查也将于 2014 年全面开始，以掌握南海地区可燃冰资源潜力。

中国官方 2014 年 2 月 1 日透露，南海天然气水合物富集规律与开采基础研究通过验收，建立起中国南海天然气水合物基础研究系统理论。

然而，开采海域天然气水合物对勘探的技术要求很高，开采可能造成海底不稳定，导致地质灾害，也容易对大气环境造成影响。"可燃冰"开发利用仍有一系列问题需要解决，商业化开采尚需一些时日。

清洁的能源：氢能

近些年来，氢能作为一种特殊的能源，已显露出它的独特价值，尤其是氢用作燃料能源的优点，在对重量十分敏感的航天、航空领域，显得格外突出，在汽车、轮船和机车使用方面，也已初显优势。

目前，我国已在氢能研究领域取得了多方面的进展，在不久的将来有望成为氢能研发应用领域领先的国家之一，也被国际公认为最有可能率先实现氢燃料电池和氢能汽车产业化的国家。

我国对氢能的研究与开发可以追溯到 20 世纪 60 年代初，科学家为发展我国的航天事业，对作为火箭燃料的液氢的生产、$H2/O2$ 燃料电池的研制与开发进行了大量而有效的工作。从 20 世纪 70 年代开始，将氢作为能源载体和新的能源系统进行开发。目前，为进一步开发氢能，推动氢能利用的发展，氢能技术已被列入《科技发展"十五"计划和 2015 年远景规划（能源领域）》。

目前，国内已有数十家院校和科研单位在氢能领域研发新技术，数百家企业参与配套或生产。随着中国经济的快速发展，汽车工业已经成为中国的支柱产业之一。在能源供应日益紧张的今天，很显然，发展新能源汽车已迫在眉睫。用氢能作为汽车的燃料无疑是我们最佳的选择。

经过多年的努力，我国已在氢能领域取得诸多成果，特别是通过实施"863"计划，我国自主开发了大功率氢燃料电池，开始用于车用发动机和移动发电站。2006年10月，由江苏镇江江奎科技有限公司、清华大学以及奇瑞汽车三方自主研发的"示范性氢燃料轿车研制项目"通过国家级专家组评审，标志着我国第一台具有完全自主知识产权的以氢燃料为动力的汽车研制成功，我国氢动力技术已达国际领先水平。2015年3月19日，世界首列氢能源有轨电车在南车四方股份下线。这是继中国南车研制出世界首列储能式超级电容有轨电车之后的又一力作，它的问世填补了氢能源在全球有轨电车领域应用的空白，使中国一跃成为世界上首个掌握该技术的国家。

氢燃料电池技术，一直被公认为是利用氢能、解决未来人类能源危机的终极方案。上海一直是中国氢燃料电池研发和应用的重要基地，上汽、上海神力和同济大学等企业、高校也一直从事研发氢燃料电池和氢能车辆。上海作为我国氢能产业最领先的地区，2007年11月建成中国第一个汽车氢气充装站，具备万辆级氢能汽车的生产能力，并加快氢能汽车的基础设施建设，初步建成加氢站网络。同时，我国氢燃料电池汽车国家标准编制也在上海启动。

当然，目前我国要大规模推广氢能利用仍需要解决氢源问题。我国南部和西南地区势能差较大，水资源丰富，水电发达，在丰水期可用大量剩余电力通过电解水制取氢。氢还可以从石油、天然气和煤等化石燃料中制取，以及从甲醇、烃类等通用燃料中转化而得。此外生物质能也可成为氢的重要来源，如细菌制氢、发酵制氢及沼气回收制氢等。传统的工业矿物，如硼氢化钠及工业副产氢，也是获取氢的有效途径。

目前，许多专家具体问题具体分析，结合我国资源特点与实际情况提出了氢的制取方案，即中短期内应利用现有的石油和化工制氢能力，发展天然气与氢气混合的富氢技术，研究洁净煤和可再生能源制氢技术；中长期内应使洁净煤制氢技术和可再生能源制氢技术实现产业化，同时应加快基础设施和示范项目建设。此外，提前发展基础设施，包括建设氢能管道网、储存设施、加氢站等，以迎接"氢经济时代"的到来。

基于我国是世界第一大焦炭生产国且焦炉气浪费严重的事实，有专家提出，用焦炉气制氢有可能成为我国开发氢能源的新途径。焦炉气原始含氢量就高达 55%，可单凭变压吸附法就能将其高效分离出来，制氢成本低，只相当于电解水制氢成本的 1/4——1/3；焦炉气所含的大量碳氢化合物也可应用重整技术转化为氢气。目前，利用焦炉气制氢已引起了业界的极大兴趣。不难预见，在即将到来的清洁能源时代，焦炉气有望成为我国未来重要的氢气供应源。

我们相信，不久的将来，我国的氢能市场将会发出夺目的光彩。

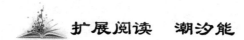

扩展阅读　潮汐能

在涨潮与落潮期间，大量海水的运动蕴藏着巨大的能量，这些能量可以被人类开发利用。目前，全世界已建立了许多潮汐发电厂，以利用潮水涨落时的部分能量。

第一个大规模的潮汐发电厂建于 1967 年，位于法国西北部的朗斯河上。涨潮时，开启闸门使水流入水池；落潮时，则关闭闸门，把水堵在里面。打开闸门使水在重力作用下通过其中的隧道，返回过程利用水位落差产生的能量带动发电机发电，这跟建立在河流上的水力发电厂发电的原理相似。

尽管潮汐能是一种清洁的、可更新的能源，但它也存在一些限制。如只有在高潮与低潮间存在较大高度差，至少在约 4—5 米高度差的地方才能利用潮汐能。就世界范围来看，有这种条件的地方很少，而且也不一定在有用电需求时就出现潮水的涨落。

但是，潮汐能包括潮水涨落间的其他能源，确实可以成为发电综合规划的一个有机构成部分。

第六章

独立自强
——开启现代航空文明新纪元

　　航空是指载人或不载人的飞行器在地球大气层中的航行活动，譬如飞行。这些活动亦包括与天空有关的组织，如飞机制造、发展和设计等。人类早就萌发了上天飞行的强烈愿望，这些可从古代的传说中得知，例如中国关于嫦娥奔月的传说。随着科技的突飞猛进，中国不仅实现了"嫦娥"奔月的梦想，同时也实现了"神州"载人飞天的梦想。

航空腾飞的文明时代

从 1956 年中国航天事业创建以来，经历了长时间的发展，已经达到了相当规模和水平：形成了完整配套的研究、设计、生产和试验体系；建立了能发射各类卫星和载人飞船的航天器发射中心和由国内各地面站、远程跟踪测量船组成的测控网；建立了多种卫星应用系统，取得了显著的社会效益和经济效益；建立了具有一定水平的空间科学研究系统，取得了多项创新成果；培育了一支素质好、技术水平高的航天科技队伍。

1. 人造地球卫星

在 1970 年 4 月 24 日，中国成功地研制并发射了第一颗人造地球卫星"东方红一号"，这标志着我国成为世界上第五个独立自主研制和发射人造地球卫星的国家。

目前，中国已初步形成了四个卫星系列，即返回式遥感卫星系列、"东方红"通信广播卫星系列、"风云"气象卫星系列和"实践"科学探测与技术试验卫星系列，即将形成的是"资源"地球资源卫星系列。

中国是世界上第三个掌握卫星回收技术的国家，卫星回收成功率达到国际先进水平；中国是世界上第五个独立研制和发射地球静止轨道通信卫星的国家。中国的气象卫星、地球资源卫星主要技术指标已达到 20 世纪 90 年代初期的国际水平。近几年来，中国研制并发射的通信、地球资源和气象卫星投入使用后，运行稳定，性能良好，产生了很好的社会效益和经济效益。

2. 航天器发射场

目前，中国已经建成了四个航天器发射场，即酒泉、西昌、太原和文昌，而且圆满完成了各种运载火箭的飞行试验和各类人造卫星、试验飞船的发射任务。

3. 航天测控

中国已建成完整的航天测控网，包括陆地测控站和海上测控船，已经圆满完成了从近地轨道卫星到地球静止轨道卫星、从卫星到试验飞船的航天测控任务。中国航天测控网已具备国际联网共享测控资源的能力，测控技术达到了世界先进水平。

4. 载人飞船

在 1992 年，中国开始实施载人飞船航天工程，而且研制了载人飞船和高可靠运载火箭，开展了航天医学和空间生命科学的工程研究。在选拔了预备航天员的同时研制了一批空间遥感和空间科学试验装置。1999 年 11 月 20 日至 21 日，中国成功地发射并回收了第一艘"神舟"号无人试验飞船。2003 年 10 月 15 日，中国首次发射的载人航天飞行器，将航天员杨利伟载入太空。2013 年 6 月 11 日，中国神十又载着三名宇航员成功飞入太空。标志着中国已突破了载人飞船的基本技术，在载人航天领域迈出了重要步伐。

经过多年的建设和发展，我国的航天科技事业已经取得了丰硕的成果，我国的航天技术目前在卫星发射技术、测控技术、回收技术以及低温燃料火箭技术等方面，已居世界前列。

尽管我国的航天活动在一些领域已取得了可喜的进步，但还远远不能适应知识经济时代对航天活动的要求。从整体上看，我国航天技术产业化的广度和深度仍落后于世界先进国家，发射的应用卫星不仅数量少，而且品种也不完备，难以满足各行各业的需要。在星际探测和载人航天方面，我国还是空白。在茫茫太空中，既没有我们制造的宇宙飞船和航天飞机，也没有属于中国的空间站和天空实验室。所以在发展航天技术方面我们既不应妄自菲薄，也不应沾沾自喜，而要踏踏实实，从我们国家的国情出发，以民用化为目标，尽量创造航天技术的经济效益。

 遨游太空的"长征"时代

中国自 1956 年开始展开现代火箭的研制工作。1964 年 6 月 29 日，中国自行设计研制的中程火箭试飞成功之后，即着手研制多级火箭，向空间技术进军。经过了五年多的艰苦努力，1970 年 4 月 24 日，"长征 1 号"运载火箭诞生，首次发射"东方红 1 号"卫星成功。中国航天技术迈出了重要的一步。"长征"系列火箭已经走向世界，享誉全球，在国际发射市场占有重要一席。

我国目前的"长征"系列火箭，是以 20 世纪 70 年代"东风五号"洲际导弹的技术为基础发展起来的。虽然经过很多改进，技术已取得巨大进步，但是所使用的推进剂、大型液体火箭发动机，以及火箭的基本直径都没有变化。

进入 21 世纪，它越来越难以适应我国航天事业发展的需要，越来越不能适应国内外航天商业发射市场的需求。近年来，国际上已经开发出多种型号的运载火箭，比如欧洲空间局开发并广泛投入发射市场的"阿里安 5 号"运载火箭，美国的"德尔塔号"系列、"宇宙神号"系列运载火箭，俄罗斯的"安加拉号"系列运载火箭，日本的"H2A号"运载火箭等，这些运载火箭可靠性高，运载能力大，发射成本也在逐步降低，已成为我国"长征"系列运载火箭强有力的竞争对手。

我国"长征"系列运载火箭，与这些新型运载火箭对比，运载能力低，可靠性不高，安全性差，任务周期长，所使用的偏二甲肼和四氧化二氮推进剂性能差、毒性大，生产使用都不方便，成本高又污染环境，如不赶快改进，将被挤出世界航天发射市场。同时，它也不能满足我国未来建立空间站，进行月球探测、火星探测和载人登月飞行等航天事业发展的需要。因此，我国需要及早规划，研制运载能力更大、技术更先进的新一代运载火箭，特别是大型运载火箭。

这个研制新一代大型运载火箭的要求，早在1986年就列入我国高技术研究发展计划——"863"计划中。"863"计划对航天运载技术提出的发展纲要是：研究发展性能先进的大型运载火箭，提高我国航天发射商业服务能力，并为下世纪初建成长期性空间站奠定技术基础。

2000年11月，我国政府对外正式发布的《中国的航天》白皮书，也全面阐述了我国面向21世纪的航天发展战略和规划，指出今后10年或稍后的一个时期，中国运载火箭发展的目标是："全面提高中国运载火箭的整体水平和能力；提高现有'长征'系列运载火箭的性能和可靠性；开发新一代无毒、无污染、高性能和低成本的运载火箭，建成新一代运载火箭型谱化系列，增强参与国际商业服务的能力。

1986年3月，面对世界高技术蓬勃发展、国际竞争日趋激烈的严峻挑战，邓小平同志在王大珩、王淦昌、杨嘉墀和陈芳允四位科学家提出的"关于跟踪研究外国战略性高技术发展的建议"上，做出"此事宜速作决断，不可拖延"的重要批示，在充分论证的基础上，党中央、国务院果断决策，于1986年11月启动实施了"高技术研究发展计划（863计划）"，旨在提高我国自主创新能力，坚持战略性、前沿性和前瞻性，以前沿技术研究发展为重点，统筹部署高技术的集成应用和产业化示范，充分发挥高技术引领未来发展的先导作用。

多年来，经过反复论证，相关人员提出了很多方案和发展途径，进行了大量对比分析，并对大型运载火箭的推进剂、发动机、火箭直径、级数和发射场等方面进行了很多探讨工作。到 2002 年 4 月，航天科技集团公司完成了我国新一代运载火箭的总体发展规划，形成了"一个系列、两种发动机、三个模块"的总体发展思路。该发展思路通过了国防科工委组织的专家评审，并取得了各级领导和专家的一致共识。

中国已经独立自主地研制了多种不同型号的"长征"系列运载火箭，其主要用来发射近地轨道、地球静止轨道和太阳同步轨道卫星。截止 2014 年 3 月 31 日累计发射 189 次。

如果长征五号进入应用，中国将可以发射质量更大、功能更全的卫星。中国未来天宫空间站的建设和探月三期工程的实施都将依赖于该火箭。长征五号的研制已经突破多项关键技术，进入到试样阶段，并预计于 2015 年年底在中国海南省文昌卫星发射中心首飞。

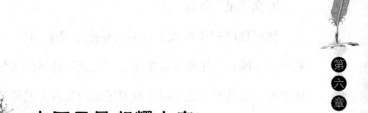

 中国卫星闪耀太空

中国卫星是中国自行研制的卫星，其中最早的是东方红一号卫星。还有各种特殊功能的卫星，主要包括资源卫星、气象卫星、通讯卫星、导航卫星、海洋卫星等。

1. 中国第一颗人造地球卫星

1970 年 4 月 24 日，中国第一颗人造地球卫星"东方红一号"发射成功，这在中国航天史上具有划时代的意义，中国从而成为继苏联、美国、法国、日本之后第五个能够独立发射卫星的国家。

"东方红一号"人造地球卫星是用中国自己研制的"长征一号"运载火箭在酒泉卫星发射场发射的。这颗卫星是一个直径约 1 米的球形多面，体重 173 公斤，比苏联及美、法、日的第一颗人造卫星总重量之和还重。其轨道的近地点为 439 千米，远地点为 2388 千米，轨道平面和地球赤道平面的夹角为 68.5°，绕地球一周时间为 114 分钟。把这颗卫星送上太空的"长征一号"运载火箭是一种三级固体混合型火箭，分别采用液体和固体火箭发动机，全长约 30 米，起飞重量 81.6 吨。

"东方红一号"的发射成功，为中国航天技术的发展打下了极为坚实的根基，带动了中国航天工业的兴起，使中国的航天技术与世界航天技术前沿保持同步，标志着中国进入了航天时代。

2. 众"星"争辉

我国现已初步形成了返回式遥感卫星系列、"东方红"通信广播卫星系列、"风云"气象卫星系列、"实践"科学探测与技术试验卫星系列、地球资源卫星系列、北斗星导航卫星系列等六大卫星系列。

(1) 返回式遥感卫星系列

对于中国航天人来说，1975 年 11 月 26 日是一个难以忘怀的日子，是一个值得纪念的日子。因为在这一日我国第一颗返回式遥感卫星顺利发射升空，并准确进入了预定轨道，随之该卫星在太空飞行了 47 圈。之后，它又按地面遥控站发出的返回调姿遥控指令，安全顺利地返回祖国大地，这标志着中国已经成为了世界上掌握卫星回收技术的第三个国家。

(2) "东方红"通信广播卫星系列

"东方红二号"是我国第一颗地球静止轨道通信卫星。它在 1984 年 4 月 8 日发射成功。这标志着我国已经成为世界上独立研制和发射静止轨道卫星的第五个国家。同时它的出现也开辟了我国人造卫星通信事业的新纪元。我国通信广播卫星目前包括 4 种不同类型：一是东方红二号试验通信卫星、二是东方红二号甲实用通信卫星、三是东方红三号通信广播卫星、四是东方红四号大型通信卫星公用平台。

(3) "风云"气象卫星系列

1977 年我国才开始研制气象卫星（风云气象卫星）。至此以后我国于 1988 年、1990 年和 1999 年先后发射了 3 颗第一代极轨气象卫星（风云 1 号 A、B 和 C 气象卫星）。中国经过 30 多的不懈奋斗和自主创新，终于在 1997 年和 2000 年先后发射成功了可以组成中国气象卫星业务监测系统的两颗静止轨道风云 2 号气象卫星。这标志着我国已经成为同时拥有两种轨道气象卫星的国家。2013 年 9 月 23 日，我国成功发射 "风云三号"气象卫星。"风云四号"气象卫星也将于 2016 年在我国新建的海南文昌卫星发射中心发射。风云系列气象卫星目前已成为应用范围最广、我国民用遥感卫星发挥效益最显著的卫星之一。

(4)"实践"科学探测与技术试验卫星系列

"实践一号"是我国在1971年3月3日成功发射的第一颗科学探测与技术试验卫星。我国在20世纪80年代初进行了一箭多星技术试验。实验原理为：利用一枚运载火箭将3颗卫星（实践二号、实践二号甲和实践二号乙）送上天。在此基础上我国又利用火箭首飞试验的机会，研制和发射了"实践四号"。"实践四号"的主要作用为：测量地球同步转移轨道上的辐射环境与辐射效应。为了适应多种不同空间科学和技术试验的更高要求，为了提高卫星为国民经济和空间科学研究服务的水平，我们需要提高卫星技术。因此，在20世纪90年代末期，我国又有推出了"实践五号"，即新一代科学探测与技术试验卫星。如今，"实践十六号"卫星也于2013年10月25日顺利升空。2014年9月28日，我国在酒泉卫星发射中心用"长征二号"丙运载火箭，成功将"实践十一号"07星发射升空，卫星顺利进入预定轨道。

(5)地球资源卫星系列

第一颗发射成功的数字传输对地遥感卫星是1999年10月我国和巴西联合研制的，它又被命名为"资源一号01星"。2003年10月继资源一号卫星发射成功后的四年里我国又与巴西进行了二度合作，成功研制并发射了"资源一号02星"。我国与巴西的两次友好合作被誉为"南南合作"的典范。这两颗人造卫星的研制和成功发射对我国具有重要意义：它们填补了我国"资源卫星的空白。现在卫星数据已经被广泛应用于农业、林业、水利等众多领域，并且取得了显著的成效。2014年12月7日，中国自主研制的"长征四号乙"运载火箭在太原卫星发射中心，将中巴地球"资源卫星04星"准确送入预定轨道，这是中国长征系列运载火箭的第200次发射。2015年4月，中巴启动地球资源卫星04A星研制，新卫星将于2018年发射。

6. 北斗星导航卫星系列

北斗卫星导航系统按照"三步走"的发展战略稳步推进并初步取得成功--第一步，2003 年建成北斗导航试验系统。第二步，2012 年，建成由 10 余颗卫星组成的北斗区域卫星导航系统，具备覆盖亚太地区的服务能力。第三步，2020 年左右，建成由 30 余颗卫星组成，覆盖全球的北斗全球卫星导航系统。目前，北斗卫星导航系统正式提供区域服务，范围覆盖包括我国及周边地区在内的亚太大部分地区，这时中国北斗系统开始真正投入使用并提供正式服务。2014 年 11 月 23 日，国际海事组织海上安全委员会审议通过了对北斗卫星导航系统认可的航行安全通函，这标志着北斗卫星导航系统正式成为全球无线电导航系统的组成部分，取得面向海事应用的国际合法地位。

对于中国来说，人造卫星的涌现，这实现的不仅仅是一个航天梦，还是一个民族复兴梦，一个经济科技梦。众所周知，航天工程异常复杂，需要一个国家几乎所有的工业部门参与进来，运用最先进的科技手段，现阶段没有的科技要进行研发，就会促进相关产业的技术升级，从而拉动国民经济的发展。

 "神舟"的太空时代

经过 7 年的论证、设计、研制、攻关和试验，1999 年 11 月 20 日 6 时 30 分，中国自行研制的"长征 2F"运载火箭在酒泉卫星发射中心发射升

空，将"神舟1号"无人飞船送入预定轨道，"神舟1号"飞船在太空全程飞行21小时11分，绕地球14圈后，飞船返回舱于北京时间11月21日凌晨3时41分平安着陆在内蒙古中部草原的预定区域。

飞船的返回十分成功，搭载的物品完好无损，飞船的密封性、抗辐射性、耐高温性完全符合设计要求。

2001年1月10日凌晨1时，中国第2艘无人试验飞船——"神舟2号"在酒泉卫星发射中心发射升空，约10分钟后成功进入预定轨道。"神舟2号"在太空停留7天，环绕地球运行约108圈。该飞船有两项创新之举：

一是飞船轨道舱首次进行了留轨运行，在轨正常工作达半年之久，成功地进行了一系列空间科学实验，有的达到国际同类设备的先进水平。这也是一项颇具特色的世界先进技术，等于额外获得了1颗实验卫星。

二是飞船装载了太空"模拟人"。它能够定量模拟航天员在太空中的重要生理活动参数，并随时受到地面指挥中心的监控。以"模拟人"这种无生命载荷取代动物，在飞船内模拟、检验飞船载人状态，中国是首创。

"神舟2号"也是中国第1艘正样飞船，按预定计划在太空完成空间科学和技术实验任务后，其返回舱于1月16日19时22分在内蒙古中部地区着陆。

中国空间科学和应用研究在"神舟2号"飞船上取得的科研成果，标志着中国的空间科学和应用研究实现了新的跨越，它对我国科学技术和国民经济发展起到了积极的促进作用。

"神舟3号"无人飞船于2002年3月25日22时15分发射升空，在遨游太空6天18小时，在预定轨道上环绕地球运行108圈，巡天540余万公里后，飞船返回舱于2002年4月1日16时51分，在内蒙古中部预定区域准确降落，其轨道舱则按预定计划继续留在轨道上运行大约半年时间，进行了有关的空间科学和应用实验。

该飞船的技术状态与载人状态完全一致，进一步优化改进了许多分系统的性能，航天员安全保障措施得到了较大完善。通过这次发射试验，载人飞船、运载火箭和测控发射系统进一步完善，提高了载人航天的安全性和可靠性。

与"神舟2号"飞行试验相比，"神舟3号"飞船和"长征2F"火箭全面完善了逃逸与应急救生功能，在火箭飞行过程中，一旦出现危及航天员生命的情况，带有返回舱的逃逸飞行器可以与火箭分离，使航天员得以逃生。逃逸与应急救生功能，可以通过地面发出指令控制，也能由火箭自行实施。

着陆场系统获取了飞船黑障前后返回舱测量数据，完成了遥测接收和遥控发送；在规定时间内及时搜索到返回舱，并进行了正确处置，完成了返回舱的搜索和回收任务。

2002年12月30日凌晨零时40分，"神舟4号"无人飞船在酒泉卫星发射中心载人航天发射场发射升空，在太空飞行了6天零18小时，飞船返回舱于2003年1月5日19时16分，在内蒙古中部地区准确着陆。

"神舟4号"飞船是载人飞行前的最后一次"彩排"，是历次无人飞行试验中技术要求最高、参试系统最全、难度最大、考核最为全面的一次飞行试验，也是最接近载人技术状态的最后一次演练。航天员、飞船、火箭、发射场、测控通信、主着陆场和备用着陆场、陆地和海上应急救生等系统，均参加了此次飞行试验。

在"神舟4号"飞行任务中，先后在太空进行了对地观测、材料科学、生命科学实验及空间天文和空间环境探测等研究项目，三项微重力科学实验都取得成功；装船的空间环境探测器获得重要探测成果；激光定位监测取得成功；多模态微波遥感器取得辐射模态和高度模态大量测量数据，填补了我国在这方面的空白；航天员在发射前也进入飞船进行了实际体验。

2003 年 10 月 15 日 9 时整，中国首位航天员杨利伟乘坐中国第 1 艘载人飞船"神舟 5 号"从酒泉卫星发射中心顺利飞向太空，这标志着中国成为世界上第 3 个能够独立开展载人航天活动的国家。

9 时 34 分，杨利伟从太空向地面表示"感觉良好"。17 时 32 分，飞船在进行第 6 圈飞行时，杨利伟与地面进行了第 1 次"天地对话"。18 时 40 分，杨利伟在太空展示中国国旗和联合国旗，并向地球发出问候。

在绕地球飞行 14 圈，飞行 21 小时后，"神舟 5 号"飞船返回舱于 16 日 6 点 23 分在内蒙古四子王旗阿木古郎牧场的主着陆场成功着陆，实际着陆点与理论着陆点仅

神舟五号飞船

相差 4.8 千米，返回舱完好无损，航天员杨利伟自主出舱、状态良好，神舟五号载人航天飞行任务获得圆满成功，标志着我国载人航天飞行初战告捷，实现了载人航天飞行历史性突破。

"神舟 5 号"任务是我国实施的首次载人航天飞行任务，它的圆满成功，标志着我国突破和掌握了载人航天的基本技术，完成和实现了中国载人航天工程第一步的计划和目标。

2005 年 10 月 12 日上午 9 时，费俊龙和聂海胜 2 名航天员乘坐神舟六号飞船飞向太空。5 天后，神舟六号飞船返回舱于 10 月 17 日凌晨 4 时 33 分安全着陆在内蒙古四子王旗阿木古郎牧场的主着陆场。

"神舟 6 号"航天员在太空中完成了多项工作和实验：一是对飞船运行状况进行监测和管理；二是对有些重要指令进行手动操作；三是完成一些

在轨实验项目，包括从分子细胞生物学角度探索人在太空中的生理变化规律、人在失重环境状态下的运动规律；四是航天员要检测自身生理状况，并及时向地面通话报告；五是对航天员的太空运动病问题进行考核评价。

"神舟6号"航天员费俊龙和聂海胜在轨飞行期间，进行了大量工效学评价试验和在轨试验，以及空间细胞生命科学实验等一系列重要科学实验活动，获取了大量空间科学实验数据，为后续载人航天飞行任务提供了重要经验和改进依据。

2008年9月25日21时10分，中国第3艘载人飞船——"神舟7号"把翟志刚、刘伯明、景海鹏三名航天员顺利送入太空，这三位均属马的中国航天员开始了"天马行空"般的太空旅行。飞船历时2天20小时27分，在太空预定轨道绕地球飞行45圈后，于28日17时37分成功降落在内蒙古中部预定区域。此次任务实现了准确入轨、正常运行、出舱活动圆满、（航天员）安全健康返回的四个目标。

"神舟7号"载人航天飞行的圆满成功，标志着我国已成为世界上第3个独立掌握空间出舱技术的国家，为实现我国载人航天工程"三步走"发展战略，建立短期有人照料的空间实验室、开展一定规模的空间应用研究进而发展我国空间站，奠定了坚实的科研和技术基础。

"神舟8号"主要任务：与"天宫1号"对接。"神舟8号"无人飞船，是中国"神舟"系列飞船的第八艘飞船，于2011年11月1日5时58分10秒由改进型"长征2号"F遥八火箭顺利发射升空。升空后2天，"神八"与此前发射的"天宫1号"目标飞行器进行了空间交会对接。组合体运行12天后，"神舟8号"飞船脱离"天宫1号"并再次与之进行交会对接试验，这标志着我国已经成功突破了空间交会对接及组合体运行等一系列关键技术大关。

2011年11月16日18时30分，"神舟8号"飞船与"天宫1号"目标飞行器成功分离，返回舱于 11 月 17 日 19 时许返回地面。"神舟 8 号"是中国神舟系列飞船的第八个，简称神八，"神舟 9 号"飞船是中国航天计划中的一艘载人宇宙飞船，是神舟号系列飞船之一。

"神舟 9 号"是中国第一个宇宙实验室项目 921-2 计划的组成部分，天宫与神九载人交会对接将为中国航天史上掀开极具突破性的一章。中国计划 2020 年中国将建成自己的太空家园，中国空间站届时将成为世界唯一的空间站。2012 年 6 月 16 日 18 时 37 分，"神舟 9 号"飞船在酒泉卫星发射中心发射升空。2012 年 6 月 18 日约 11 时左右转入自主控制飞行，14 时左右与"天宫 1 号"实施自动交会对接，这是中国实施的首次载人空间交会对接。并于 2012 年 6 月 29 日 10 点 00 分安全返回。

相比前三次载人飞行，此次神九任务的飞行乘组特点是"新老搭配、男女配合"。一是作为航天员景海鹏是第二次参加飞行任务；二是刘洋成为中国首位参加载人航天飞行的女航天员，同时她也是中国第二批航天员中首个参加飞行任务的。首位"神女"刘洋的出现，打破了中国从未有女航天员进入太空的纪录，备受各方关注。发射地点是酒泉卫星发射中心。航天员除刘洋外还有景海鹏、刘旺。

中国的第十艘太空飞船，与前两艘神八和神九相比，它是一艘载人飞船，它与"天宫 1 号"进行对接，对接成功，中国已经基本掌握了空间飞行器交会对接技术。将对后续的"天宫 2 号"即第二代空间实验室的建设打下坚实的基础。

知识链接

中国首位女航天员

刘洋，女，1978 年出生。1997 年 8 月入伍，2001 年 5 月入党。为空军第七批女飞行员，空军中尉军衔，能飞四种机型。2012年6月16日18时37分，刘洋和其他两名男航天员一起，搭载神舟九号飞船进入太空，在18日约11点左右，飞船转入自主控制飞行，与"天宫1号"目标飞行器交会对接。在这之前，全世界已有56名女航天员到过太空，其中美国46人，前苏联3人，加拿大2人，法国1人，英国1人，日本2人，韩国1人。而刘洋则成为世界第57名女宇航员。

现代"天宫"空间站

天宫，是中华民族的优美神话和美好想象。北京时间2011年9月29日21时16分03秒，"天宫1号"搭乘"长征-2F"号运载火箭，从酒泉卫星发射中心升空。"天宫1号"飞越中国东部大地，朝太平洋方向前进，10分钟进入太空。"天宫1号"从近地点198千米，远地点332千米，倾角42.8°的转移轨道，提高到高度400千米，倾角42.8°的圆形绕地轨道。

地球轨道上的空间，又多了一个人造天宫。这种美妙的感受，只有中国人知道。看得见的"天宫1号"是载人航天器，它高10.4米，最大直径达3.35米，重8.5吨，分实验舱和资源舱，一个对接接口，设计寿命2年。为了让航天员在零重力状态保持自己的方向，"天宫1号"内部有两种颜色，黑色代表地面，蓝色代表天空。"天宫1号"外部是一层包裹着防热材料的隔热层。

"天宫1号"的实验舱长约4米，直径3.35米，内部空间15立方米，温度控制在 22℃，可满足 3 名航天员的工作和生活需要。实验舱舱体为圆筒形，两头呈锥形，前端装有被动式对接结构，可与追踪飞行器"神舟"飞船进行对接。实验舱前端的交会对接机构，中间有一个直径 80 厘米的圆形舱门。当与"神舟"飞船对接后，打开舱门形成通道。实验舱的前上方有一个对接雷达，用于与"神舟"飞船进行精确对接。

尽管实验舱内部空间不大，仍设有工作区、生活区、睡眠区和健身区等功能区。工作区是航天员控制飞行的驾驶舱和科学实验的地方。生活区也就是吃喝拉撒的地方，包括食品柜。睡眠区的称呼很好听，实际上就是 2 个睡袋，平时折叠挂起来，睡觉时钻进去。健身区就是一台全能健身器，可以让航天员"溜达溜达"。

"天宫 1 号"吊小，但它的资源舱却装载了最高科技的装备和仪器，主要有生命保障系统、动力系统、飞行与控制系统、导航与制导系统、通信系统、温度控制系统、太阳能帆板、燃料系统等。资源舱的上面是一个卫星中继天线，左右两侧是 2 个四联太阳能帆板。动力系统为"天宫 1 号"提供飞行和机动。导航与制导系统为"天宫 1 号"飞行指引航向。当"天宫 1 号"与"神舟"飞船进行对接时，导航与制导系统又用于精确寻找目标。精准的陀螺仪为"天宫 1 号"提供精确的姿态控制。

"天宫 1 号"，又称为目标飞行器，主要用于与追踪飞行器"神舟"飞船对接和试验空间活动。"天宫 1 号"只是一个载人的空间实验平台，并不是真正意义上的空间站。

"天宫 1 号"的科学任务是：

1. 作为目标飞行器与"神舟 8 号"完成空间交会对接飞行试验。

2. 保障航天员驻留期间的生活和工作，保证航天员安全。

3. 开展空间应用研究，包括空间环境和空间物理探测等，空间科学实验、航天医学实验和空间战技术实验。

4. 建立短期载人、长期无人、独立可靠运行的空间实验平台，为建造空间站积累经验。为了保证运载火箭和航天器的稳步飞行，必须要进行实时监控。中国的监测与控制中心有：北京航天指挥控制中心和西安卫星监测与控制中心。这些都为火箭和航天器的发射保驾护航。

北京、上海、昆明、乌鲁木齐都设有巨大的天线阵列，共同组成一个深空跟踪网络。

深空跟踪网络虚拟构成的望远镜分辨率相当于口径为 3000 多千米的巨大的太空望远镜。它相当于从中国西北喀什、东北佳木斯到三亚南部，形成一个大三角形太空望远镜。测量数据实时传输到北京航天飞控中心。

为了长期连续跟踪、测定火箭、航天器的空间位置和轨道参数，必须在各地设立地面跟踪观测站，分布在各个航线下。国内跟踪观测站包括：渭南站、长春站、青岛站、沽益站、南海站、天山站、厦门站、庐山站、宜宾站、佳木斯站、东风站、和田站等。海外跟踪站有卡拉奇站、马林迪站、斯瓦科普蒙德站。此外，还与法国、巴西、瑞典和澳大利亚共享空间跟踪设施。太空跟踪网络具有非常大的军事用途。它也能监测别国的间谍卫星、军事卫星，以及太空垃圾和空间碎片。

中国的"天宫"空间站将在 2020 年前后完成搭建，而国际空间站按照原计划也将在这一年退役，所以"天宫"届时或将成为世界唯一在轨空间站。

现代"嫦娥奔月"

月亮在中国人的眼里是富有想象力的神话。月亮上的嫦娥舒展广袖翩翩起舞；吴刚能酿制美酒奉送众人品尝；玉兔依偎在桂花树下，静静倾听美妙的童谣……月球不但传递着中华民族的优秀文化，还是中华民族聪明才智的友好使者。

中国探月工程设想分为三步走，2020年前后完成。"嫦娥一号"月球探测器是中国探月工程第一步。它将为中国带来新的月球资料，新的月球视野。几千年来，中国人要第一次出远门，到嫦娥居住的月球做客。"嫦娥一号"月球探测器就是第一个去月球的亲戚。

科学家设计了探测月球的日程表、路线图和时间表。一般都是先派探测器，到月球的上空探测考察月球；再派探测器登陆月球；成功以后，再派登陆车登陆月球；最后派人登陆月球。

许多媒体将"嫦娥一号"称为月球卫星，其实称为月球探测器更科学。我们知道，围绕恒星运转的是行星，围绕行星运转的是卫星。

"嫦娥一号"只围绕地球运转了几天，就奔月球而去。这几天，"嫦娥一号"叮以称为卫星。

"嫦娥一号"的任务是去月球执行探测任务，因此"嫦娥一号"是一个探测器，而不是卫星。

"嫦娥一号"月球探测器，外形为 2.2 米 × 2.2 米 × 1.72 米的六面立方体，重量为 2350 千克，设计寿命为一年。它的两侧各装有一个大型展开式太阳能帆板，当两侧太阳翼完全展开后，最大跨度可以达到 18 米。

根据科学家的精确设计，"嫦娥一号"经过 10—12 天的飞行，接近月球轨道时开始"刹车"，在两条"智慧曲线"之间，靠月球引力进入月球轨道。

"嫦娥一号"起动发动机制动，进入月球 200 千米轨道，进行环月探测，不再返回地球。

"嫦娥一号"有四个科学任务：拍摄月球表面三维影像，分析月球元素含量和分布，探测月壤特性，以及探测地月空间环境。任务不多，但都很艰巨。"嫦娥"奔月路线图、由于中国是第一次探测月球，为了安全到达月球，中国科学家为"嫦娥一号"设计了一条科学合理的"奔月"路线图。

人类共有四种绕月探测的路线方式。第一种，运载火箭将月球探测器送入地球的圆形轨道，然后探测器再进入地月转移轨道，最后到达月球。第二种，运载火箭将月球探测器送入环地球的大椭圆轨道，探测器围绕椭圆轨道越转越大，然后变化轨道，从绕地球转变为飞向月球，加速进入月球轨道，并到达月球。第三种，运载火箭将月球探测器送到地月转移轨道，探测器加速进入月球轨道，最终到达月球。第四种，运载火箭直接将月球探测器送入地月转移轨道，并到达月球。

为了用最小的代价实现奔月成功，经过精确的分析和计算后，"嫦娥一号"最终选择了第二种方式。"嫦娥一号"月球探测器将沿着这条设计精妙的地月转移轨道飞向月球，并在飞行 114 小时后到达月球的上空。

"嫦娥一号"月球探测器从起飞到进入地月转移轨道的飞行过程中，多次经过中国上空。如果地理位置、天气条件允许的话，我们可以用肉眼观察到现代"嫦娥"奔月的景象。第一次亲密接触是 2007 年 10 月 24 日，"嫦娥一号"带着中华民族的希望，在西昌卫星发射中心搭乘"长征—3A"

号运载火箭成功进入太空，到达月球。11 月 26 日，"嫦娥一号"发回了第一张月面照片。"嫦娥一号"搭载了 30 首中国歌曲，从月球传来。30 首优美的歌曲为：《谁不说俺家乡好》《爱我中华》《歌唱祖国》《梁山伯与祝英台》《青藏高原》《高山流水》《草原上升起不落的太阳》《阿里山姑娘》《半个月亮爬上来》《在那遥远的地方》和《但愿人长久》等。"嫦娥一号"还拍摄了全月球三维数字地形图。2009 年 3 月 1 日，"嫦娥一号"进行月球撞击，将古老的月球表面撞出了一个小小的浅坑，科学家想看看月球的伤口是怎样被撕裂的，又是如何愈合的，并从中发现一些月球的"秘密"。

2010 年 10 月 1 日，"嫦娥一号"的妹妹——"嫦娥二号"在西昌卫星发射中心升空。"嫦娥二号"探测器不再"绕地三圈"，然后再飞向月球，而是直接飞向月球，进入绕月轨道。

"嫦娥二号"要获得更清晰、更详细的月球表面影像数据和月球极区表面数据。科学家给"嫦娥二号"装备了十分先进的高清晰相机，分辨率比"嫦娥一号"高出许多，达到 10 米左右。看看环形山、看看月球的背面长得什么样？

2013 年，中国航天科技集团公司制造的"嫦娥三号"着陆器登陆月球。

"嫦娥三号"重 3750 克，由 120 千克的着陆器和月球车组成。着陆器的特征十分明显，有 3 只爪子，一根装有照相机的桅杆，一个高科技的机械手；月球车有 6 个轮子，载重 20 千克。着陆器的着陆点第一方案在位于月球赤道附近的虹湾地区。

2013 年 8 月 28 日，中国国家国防科技工业局对外宣布，探月工程重大专项领导小组当天召开第十一次会议暨"嫦娥三号"任务进场动员会，审议批准了"嫦娥三号"任务由研制建设阶段转入发射实施阶段。"嫦娥三号"探测器于 2013 年 12 月 2 日在西昌卫星发射中心择机发射。

2013 年 9 月 11 日，"嫦娥三号"乘飞机转运，于 12 日 10 时抵西昌发射场。2013 年 12 月 2 日 1 时 30 分 00.344 秒，"嫦娥三号"从西昌卫星发射中心成功发射。2013 年 12 月 14 日 21 时 11 分 18.695 秒，"嫦娥三号"成功实施软着陆，降落相机传回图像。

"嫦娥四号"卫星简称嫦娥四号，专家称"四号星"，是嫦娥绕月探月工程计划中嫦娥系列的第四颗人造绕月探月卫星，主要任务是接着嫦娥三号着陆月球表面、继续更深层次更加全面地科学探测月球地质、资源等方面的信息，完善月球的档案资料。我国探月工程已规划至"嫦娥四号"，且将实现在月球上自动巡视机器人勘测。

"嫦娥五号"是负责嫦娥三期工程"采样返回"任务的中国首颗地月采样往返卫星，计划于 2017 年左右在海南文昌卫星发射中心发射。"嫦娥五号"的第一个科学目标是展开着陆点区的形貌探测和地质背景勘测，获取与月球样品相关的现场分析数据，建立现场探测数据与实验室分析数据之间的联系。

"嫦娥六号"是继"嫦娥五号"之后发射的月球采样卫星。"嫦娥五号"和六号将共同完成中国探月三期工程——"回"，即实现月球采样后自动返回地球。

"嫦娥六号"的第一个科学方针是展开着陆点区的描摹探测和地质布景勘测，获得与月球样品相关的现场阐发数据，建立现场探测数据与实行室阐发数据之间的联系。

"嫦娥五号"和"嫦娥六号"将共同完成中国探月三期工程"回"的任务，即实现月球采样后自动返回。它们将带着"四件套"升空，分别是月球着陆探测器、月面巡视器、月面上升器和轨道返回器。

中国的探月工程又称作"嫦娥工程"，规划为三期，简称为"绕落回"，计划在 2020 年前依次完成绕月探测、落月探测和无人采样返回。迄今为止，探月一期工程已经圆满完成，探月二期工程已经圆满完成，探月三期工程已经圆满完成，探月四期工程正在发展。

"两弹一星"：钱学森

钱学森（1911—2009 年），祖籍浙江杭州，杰出物理学家/中国航天事业奠基人之一。是杰出的物理学家，中国科学院院士、中国工程院院士。

他早年留学美国，并任加州理工学院喷气推进中心主任教授。1955 年回国，历任中国科学院力学研究所所长、国防部第五研究院院长等职。他是中国航天事业的杰出奠基人之一。1956 年，钱学森负责规划、组建国防部第五研究院，并做了许多开创性的工作，为中国航天事业的创建与发展做出了卓越的贡献。他的主要著作有《钱学森文集》等。

1911 年，钱学森出生在上海。他 3 岁时，就有着很强的记忆力，能背诵上百首唐诗和宋词，还能用心算加减乘除等。左邻右舍都说钱家生了个神童，但他的父亲钱均夫不相信有什么神童，而是一如既往地教育钱学森刻苦学习，努力读书，将来做一个有用的人。

5 岁时，钱学森已经能读懂《水浒》一书。36 天罡、72 地煞，每个人的姓名、绰号，他都耳熟能详。钱学森把他们视为心目中的英雄。有一天他问父亲："这 108 个英雄都是天上的星星变的吗？"父亲抚摸着他的后背说："儿子，他们都是人间的英雄，怎么会是星星变的呢。"钱学森高兴起来，

说："英雄如果不是天上的星星变的，那我不是也可以做英雄了吗?"父亲微笑着说："你也能做英雄。但是，必须认真读书，努力学习科学知识才行。"此后，钱均夫时常给儿子讲解"学习知识，贡献社会"的道理。久而久之，这8个字成了钱家的家训，深深地印在了钱学森的脑海中。

上小学低年级的时候，钱学森像其他男孩子一样，最喜欢玩废纸折成的飞镖。小伙伴们用各色纸片折成飞镖，还经常在一起进行比试。每次比试，钱学森的飞镖总不如别人的颜色花哨，但从来都是扔得最远、投得最准的。有的同学不服气，说他的飞镖肯定捣了什么鬼。钱学森让他们自己去看。小伙伴们捡起他的飞镖，煞有介事地仔细研究起来。原来，钱学森折的飞镖有棱有角，特别规整，所以投起来空气阻力较小，投得比较远；而且他的飞镖上下、左右都是对称的，在空中飞行时不发飘，所以投得准。同时，钱学森在投掷时还善于利用有利的风向，难怪每次都数他的飞镖投得最远最准。小小年纪的钱学森居然懂得运用某些空气动力学的常识。同学为此惊叹不已，老师也竖起了大拇指。钱学森在玩耍方面超过其他同学，学习上更是当仁不让。

1923年9月，钱学森升入北京师范大学附属中学。当时的北师大附中学习环境特别好，堪称一方"培养天才的沃土"。钱学森在这里受到良好的教育。中学毕业后，他为了实现科学救国的理想毫不犹豫地选择了工科。他在上海交通大学读了4年工程机械专业，后来考取了清华大学留美预备班。

1935年，钱学森漂洋过海来到美国。他先在麻省理工学院航空工程系学习，一年后获得硕士学位。1936年，他又转入加州理工学院航空与数学系学习。留学期间，贫弱的祖国常常是外国同学耻笑的对象，钱学森心里很不是滋味。有一次，同寝室的一位美国学生闲得无聊，又在那里嘲笑中国人抽大烟、裹小脚等愚昧无知的行为。坐在旁边读书的钱学森再也按捺不住了，他忽地站起，对正在哄笑的美国同学说："中国作为一个国家，现在是比美国落后；但作为个人，你们敢不敢与我比谁的成绩好？"

美国学生一个个像泄了气的皮球，不敢作声。他们不会忘记，上一次期末考试，全班同学都抱怨试题难，大部分人没考及格，需要补考，准备找老师理论。教授却在办公室门口贴出钱学森的那张没有任何错误、圈改和涂抹痕迹，工整清洁的试卷。他们也不会忘记，课堂上，没有一个人能解答那道极为复杂的动力学题目时，钱学森轻松给出了答案。

为国争光，成为钱学森刻苦学习、努力奋斗的不竭动力。获得航空、数学博士学位之后，钱学森在老师、世界力学大师冯·卡门的指导下，投身于高速飞机的气动力学、火箭、导弹等方面的研究。其间，他参与了大量工程实践，最终与同事设计、研制出第一代能够用于实战的导弹，从而为世界航空工业奠定了坚实的理论基础。不久，钱学森声名鹊起，成为世界著名的科学家。

钱学森一生有着杰出的成就，获得了众多荣誉。1957年，他获得中国科学院自然科学一等奖，1979年获得美国加州理工学院杰出校友奖，1985年获得国家科技进步特等奖，1989年获得"小罗克韦尔奖章"和"世界级科技与工程名人奖"，以及国际理工研究所名誉成员的称号。1991年10月，国务院、中央军委授予钱学森"国家杰出贡献科学家"荣誉称号和一级英雄模范奖章。1999年，中共中央、国务院、中央军委又授予他"两弹一星功勋奖章"。

知识链接

中国 "三钱"

"三钱" ——这个最初由毛泽东主席喊出的 "别号"，人们便会肃然起敬地想到中国导弹之父钱学森、中国力学之父钱伟长、中国原子弹之父钱三强。1956 年制定规划了中国第一次 12 年科学规划，钱学森、钱伟长和钱三强三人一起，被周恩来总理称为中国科技界的 "三钱"。"三钱" 是中国科坛的杰出人物，也是世界顶尖的科学大家。

 中国的航天英雄

从 2003 年 " 中国太空第一人 " 造访太空，到 2005 年 " 飞天双雄 " 首次实现多人多天太空飞行，再到 2008 年中国首位航天员太空出舱行走，杨利伟、费俊龙、聂海胜、翟志刚……一个个国人耳熟能详的名字，勾勒出中国航天英雄图谱。

1. 中国第一位航天员——杨利伟

杨利伟是中国第一代航天员，2003 年 10 月 15 日搭乘 "神舟五号" 宇宙飞船升入太空，成为中国第一个进入太空的人，开创了中国载人航天的历史。

在成为航天员之前，杨利伟是中国空军一名优秀的歼击机飞行员，在原空军部队安全飞行时间达 1350 小时。2003 年 10 月 15 日，杨利伟搭乘的中国" 神舟五号" 载人飞船发射升空。当飞船飞行到第 7 圈时，他在太空展示了中国国旗和联合国旗，表达了中国人民和平利用太空，造福全人类的美好愿望。

2. 费俊龙

费俊龙现在是中国人民解放军航天员大队特级航天员，2005 年 10 月 12 日，他与聂海胜一起搭乘"神舟六号"宇宙飞船进入太空，成为继杨利伟之后第二批进入太空的中国人。

同年，费俊龙与聂海胜一同当选" 十大中国感动人物"，颁奖词是：谁能让全世界 1/5 的心脏随着他们的节奏跳动五天五夜，谁能从前所未有的高度见证中国实力的飞跃，他们出征苍穹，画出龙的轨迹，升空日行八万里，巡天遥看一千河，他们是中国航天的黄金一代。

3. 聂海胜

聂海胜现在是中国人民解放军航天员大队三级航天员，大校军衔。2005 年 10 月 12 日，他与费俊龙一起搭乘"神舟六号"宇宙飞船进入太空，成为继杨利伟之后第二批进入太空的中国人。

4. 翟志刚

翟志刚现在是中国人民解放军航天员大队三级航天员，正团职大校军衔。2008 年 9 月 25 日，翟志刚搭乘"神舟七号"宇宙飞船升入太空，而且出色地完成了中国人首次太空行走。

1998 年曾任空军航空兵某师战斗机飞行员的翟志刚同杨利伟一起成为中国首批航天员，可是，命运却让他两次错过太空之旅。"神五"升空之前，翟志刚以其优秀的训练成绩和综合素质，和杨利伟一起被选人 3 人首飞梯队，最后却跟这次飞行失之交臂；2005 年之前，他再次成为"神六"的热门人选，入选航天飞行乘组梯队成员，可是，他再次错过了这次太空飞行的机会。

2008 年 9 月 25 日，翟志刚终于搭乘" 神舟七号" 宇宙飞船升入太空。飞船发射后的第三天，翟志刚离开飞船进入太空，洁白的航天服，中国的五星红旗变得格外醒目。他向地面报告：神舟七号已经出舱，身体感觉良好，向全国人民、全世界人民问好。

随后，航天员刘伯明也出舱，并递给翟志刚一面五星红旗，翟志刚拿着红旗像镜头挥舞片刻，告诉全世界，中国人来到太空了。

5. 景海鹏

景海鹏现在是中国人民解放军航天员大队特级航天员、正军职、少将军衔。2008 年 9 月 25 日，他和战友翟志刚、刘伯明一起搭乘"神舟七号"宇宙飞船进入太空，成为第三批进入太空的中国人。2012 年 3 月，入选神舟九号任务飞行组。2012 年 6 月，圆满完成神舟九号飞行任务。

读高中时，景海鹏代表所在中学去别的学校打篮球比赛，在这个对抗学校的宣传栏里他第一次看到飞行员的照片时，他就立志要当飞行员。

1984 年，空军在景海鹏所在的城市招考飞行员，他马上就报了名，可是由于学习时间太长，劳累过度，眼睛充满血丝，所以落选了。因为这次的落选，景海鹏的父亲打算让他退学。后来，经过一个村里人劝说，他的父亲才勉强同意让他再试一年。功夫不负有心人，终于在高中的最后一年，景海鹏顺利通过身体健康检查，被招为飞行员，之后成功考上了现在的中国人民解放军空军航空大学。

1996 年底，景海鹏参加了航天员选拔，并在 1998 年正式成为我国首批航天员中的一员，2006 年他还曾入选"神舟六号"航天员梯队。

2008 年 9 月 25 日，景海鹏搭乘"神舟七号"宇宙飞船进入太空。同年 11 月 7 日上午 10 点，庆祝"神舟七号"载人航天飞行圆满成功大会在人民大会堂召开，国家主席胡锦涛亲自为景海鹏颁发"航天功勋奖章"和证书。

2009 年 1 月，以神七航天员之一的身份当选 2008 年度"感动中国十大人物"。2013 年 2 月 1 日，当选"2012 年中华儿女年度人物"。

6. 刘伯明

刘伯明现在是中国人民解放军总装备部航天员大队二级航天员、副师职、大校军衔。2008 年 9 月 25 日，他和战友翟志刚、景海鹏一起搭乘"神舟七号"宇宙飞船进入太空，在"神七"运行期间，身在太空的刘伯明还向镜头展示了他写的字条，上面写道：俯瞰家园，同一个地球村；横望日月，同一个太空城；三马飞天，齐祝愿；天地连线，一家人。

7. 刘洋

刘洋，女，汉族，河南省林州市人，中共党员，学士学位。1978 年 10 月出生，1997 年 8 月入伍，2001 年 5 月入党，现为中国人民解放军航天员大队四级航天员，少校军衔。曾任空军某师某团某飞行大队副大队长，安全飞行 1680 小时，被评为空军二级飞行员。2010 年 5 月正式成为我国第二批航天员。经过两年多的航天员训练，完成了基础理论、航天环境适应性、航天专业技术、飞行程序与任务模拟训练等 8 大类几十个科目的训练任务，以优异成绩通过航天员专业技术综合考核。2012 年 3 月，入选神舟九号任务飞行乘组。

8. 刘旺

刘旺，男，汉族，山西省平遥县人，中共党员，硕士学位。1969 年 3 月出生，1988 年 8 月入伍，1988 年 6 月入党，现为中国人民解放军航天员大队二级航天员，大校军衔。曾任空军某师某团某飞行大队中队长，安全飞行 1000 小时，被评为空军二级飞行员。1998 年 1 月正式成为我国首批航天员。经过多年的航天员训练，完成了基础理论、航天环境适应性、航天专业技术、飞行程序与任务模拟训练等 8 大类几十个科目的训练任务，以优异成绩通过航天员专业技术综合考核。2012 年 3 月，入选神舟九号任务飞行乘组。

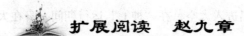
扩展阅读　赵九章

赵九章（1907—1968 年）中国气象学家，地球物理学家，空间物理学家。中国科学院院士。1907 年 10 月 15 日生于河南开封，1968 年 10 月 26 日卒于北京。1997 年 10 月赵九章诞辰 90 周年时，王淦昌、钱伟长、王大珩等 42 位院士签名倡议为赵九章树立铜像。约 170 位科技专家自愿捐款为塑造铜像提供经费。

20 世纪 50 年，在国际上筹备"国际地理物理年"时，我国的科学家就有了发射火箭、人造卫星，对空间进行探测的设想。

1957 年 10 月 4 日，苏联发射成功了世界上第一颗人造地球卫星，顿时震动了全世界，我国的科学家在为他们高兴的同时，也在酝酿我国的人造卫星。1957 年 10 月 13 日，中国科学院召开了一次关于人造卫星的座谈会，会上，赵九章和钱学森等许多著名科学家都谈了自己的看法，也提了不少意见和建议。赵九章在此期间做了不少报告，还写文章对人造卫星的意义进行宣传，同时他还开展关于人造卫星的调研，为我国的人造卫星事业做准备。

1958 年 5 月 17 日，毛主席在中共中央八大二次会议上指出："我们也要搞人造卫星。"这次卫星信号接收器会议结束后，聂荣臻副总理就开始敦促中科院和国防部制定独立的空间技术体系规划。8月，中科院的负责人张劲夫就召集钱学森、赵九章等多名科学家制定我国人造卫星发展和规划图"中国科学院581组"就是在此时成立的。钱学森任组长，赵九章任副组长，另一位副组长是地球物理研究所党委书记卫一清。

从1959年到1964年，我国的人造卫星工作都是按照赵九章等人在1959年提出的五项任务开展的，各方面进展都很顺利，发展也很快，建立了总体研究室、中高层大气探测研究室、电离层研究室、遥测遥控跟踪定位研究室、空间光辐射实验室和空间磁场研究室等。参与此项工作的人员也从1958年底的几十人到1964年的400多人，各个研究室都在为我国的人造卫星事业不断努力着。

1964年10月下旬，赵九章在酒泉基地参观了导弹的发射试验，除了观看整个发射过程和基地的设施之外，还和负责火箭研发、发射等各项工作的人员进行了交谈，在充分了解情况后，赵九章认为我国的运载火箭已经完全具备发射人造卫星的能力了，是时候就把卫星工程提上了日程。他认为，当时我国工业和科技都有已经具备了一定的基础，并且我国的火箭探空经验非常丰富，为卫星的发射做了不少技术储备，同时发射卫星还可以促进我国的工业和科技的发展和提高。通过这些方面的分析，赵九章于1964年12月27日将自己写的信，在全国人大会议期间上呈给了周总理，建议我国正式立项，尽快制定发射卫星计划。

1965年10月22日，举行了"651"会议（卫星方案论证会）。赵九章、钱骥在会上报告了我国研制卫星的总体方案，着重是第1颗卫星的方案。

"651"会议，一共开了42天，对涉及到"东方红1号"大总体和卫星本体的许多关键问题都作了深入而广泛的研讨。经与会代表的集思广益，把这颗星的目标归结为"上得去、抓得住、听得着、看得见"12个字，确定于1970年发射。

1968 年前，在赵九章、钱骥主持下我国第一颗人造卫星的初样星已基本完成，此后接替者在初样星基础上进行方案复审，继续完成试样星、正样星。

1999 年 9 月，中共中央、国务院、中央军委隆重举行大会，表彰为"两弹一星"做出突出贡献的科技专家，并颁发"两弹一星功勋奖章"。赵九章是获奖者之一，他当之无愧！

第七章

妙手丹青

——日臻完善的现代绘画文明

进入 20 世纪 90 年代以后，中国美术从单一的现实主义发展为多元并存的局面。在否定或批判先前模式的同时，如何确立有各自特色的创作方法已提到议事日程之上。因此这个阶段体现为一个实验性艺术的时期。这一时期的绘画具有极大的包容性，出现了一大批各具特色的画坛大师，推动了中国现代绘画艺术的不断前进，并使之日臻完善。

"南陆北李"绘画文明

　　中国有一个很有趣的文化现象，就是习惯把一种事物分成南北对称。如在饮食上有"南甜北咸"，武术上有"南拳北腿"，禅宗上有"南顿北渐"。而在绘画上更是爱以南北称之，如"南黄（宾虹）北齐（白石）""南潘（天寿）北李（苦禅）等等。在20世纪末的中国画坛上，最后可南北相称的画家，就只有李可染和陆俨少了。

　　陆俨少比李可染年长2岁，他们二人都出生于20世纪初，一个久居南方，一个长住北方。他们都以高寿经历了整个世纪的风风雨雨，都工山水。但在学习与吸收、意境之追求、笔墨之探索、风格之呈现等方面又有着很大的不同。将他们南北对应而论，也许是一件很有意义的事。

　　陆俨少生于1909年，上海市嘉定人，父亲是小业主。陆俨少在未识字时便喜爱绘画，中学时期，常和擅长金石书画、古典文学的师友接触，并开始学习中国画。18岁师从苏州王同愈先生学诗文书法，19师岁从常州冯超然先生学画山水。陆俨少弱冠时便有超俗离尘之念，25岁曾入浙江武康上柏山中，躬耕畎亩，以种植自给。29岁时，日军入侵，为避战乱，迁居重庆，饱览了蜀中山川。44岁任上海中国画院画师，后任浙江美术学院教授、中国美术家协会理事。

　　李可染生于1907年，江苏徐州人。幼时从同乡画家钱食芝学画，1923年考入上海美专。1929年进杭州国立艺术学院研究部学习油画，曾参加过

"一八艺社"的进步版画创作活动。1943 年在重庆任教于国立艺专。1945 年迁居北平，从事教学工作，并拜齐白石、黄宾虹为师。曾担任中央美术学院教授、中国美术家协会副主席、中国画研究院院长等职。

在学习和吸收方面，陆俨少非常重视"师承"。在传统上可谓熏染弥深，但又不被传统所困，了然悉知"艺术是文化的花朵"。提出"四三三"的治学方法，即"四分读书，三分写字，三分画画"。认为应以读书为"舟"，写字为"舵"，画画为"桨"，这样才能乘风破浪而不迷失航向。面对欧风东渐的新时代，陆俨少仍是"以不变应万变"，以传统为根基来开创新画风。我们看到他的山水画还是以传统的皴擦点染为之，可细看每个环节又都有新的气象和新的形态。

对于学习和吸收，李可染则非常强调"变革"。他 16 岁入上海美术专门学校，22 岁考入杭州国立艺术学院，深受西方艺术影响。40 岁又拜齐白石、黄宾虹为师，中西方绘画都得以接触，深知"艺贵创新"的真谛，决心"变革"中国画，提出"要以最大功力打进去，以最大勇气打出来"。打进去是"理解"，打出来是"概括"。他的山水画在抓住"笔墨"基础上，又将西方艺术的体量关系引入画面，颇具现代气息。

在美学和意境方面，陆俨少追求的是"优美"，他的山水画曲折多变，灵动飘逸、通体皆虚。画面以曲线为主，追求一个"动"字。李可染则追求的是"壮美"，他的山水画浑厚凝重，沉雄茂密，单纯统一。画面以直线为主，追求一个"静"字。

笔墨方面，陆俨少的画，墨色明快淋漓、笔端极富变化，所有笔迹都清晰地展现在画面上，不遮不挡。用笔绞转反侧、提按有序，从点中抽出即是线，扩线即是面，笔笔有根据。他在画中大量运用泼墨技法，有痛快淋漓之感。在笔墨运用上，陆俨少是能"泼"即"泼"，可"勾"则"勾"，相互生发，运用自如，把传统优势发挥到极点。

李可染的笔墨沉着厚重，局部浓淡变化不大，追求整体的对比；笔墨痕迹尽量融入画中，浑化无形。用笔多以带"金石意味"的线勾画物象，抓住一个"苍"字。李可染的画里洋溢着厚、密、重、满的主调，主要是层层点染带来的效果，多次的积墨使山水树木浑然一气，所有的笔墨最后都形成一个"拆不散、打不烂"的整体。在笔墨运用上，李可染是能"点"即"点"，可"染"则"染"，在点染中融会中西，将时代气息呈现出来，气势磅礴。

在章法经营方面，陆俨少强调山川飞动的气势。他的山水一般都是右下角起势后，冲向左上角，基本用笔、用墨都服从于从右至左的大趋势。李可染也很注重气势，是一种自下而上的气势。他的画有上升的崇高感和岿然不动的庄严意味，所画物象都控制在"纪念碑"似的框架里，在框架内求变化。

在对待传统绘画语言上，陆俨少用的是"加法"。他不仅刻意强调传统绘画语言的丰富性，还将一些绘画语言局部放大，单独运用，提出一个因素就可以单独构成画面，让我们细细品味。而李可染用的是"减法"。1954年前的十年中，他曾下了很大力气研究传统绘画，并尽量将复杂的传统语言单纯化，找到最"纯粹"的东西。最后剩下了最本质的"一点""一线"，他用这最单纯的"一点""一线"，奏响了最丰富的笔墨乐章。

在空间透视上，陆俨少强调"主观空间"。他选择的布景方式依然是传统的"散点透视"。"散点透视"和西方的"焦点透视"相比，更适用于绘画。它不受定点限制，可以自由发挥。传统的处理方法，一般是"散点透视"加笔墨浓淡来表现空间，由浓及淡、由近及远。但这种方法也有局限，就是浓淡反复运用，会使画面纷乱不整。而陆俨少用一种主观的"符号对比"方法解决了这个问题。在他的作品中，往往是一层细笔水纹，一层粗笔山石；一层双勾树木，一层白描的云，在其中还运用各种树法、皴法；浓淡、粗细、干湿、线面、黑白、疏密对比。在层层相衬中，将画面空间扩展至最大化。这些"主观空间"的对比程序还没用完一个循环，就已画到百里开外了。在陆俨少的笔下，空间透视的运用，比任何一个时代的画家都自由，空间推展也比任何一个时代都深远。

而李可染则强调相对的"客观空间"。注意了欣赏者的视觉感受，但又不是完全的"焦点透视"。他把"焦点透视"里的"定点"和"灭点"去掉，把近景和远景弱化，只取中景，这样可以保持最大的平面性和笔墨发挥的自由性。为此，他还把画面近景中的桥和房屋也处理成平面，实际上他所采取的是"二维半"的半浮雕空间关系，既保持了质感、量感、空间感，也能在相对的平面上发挥笔墨效果，这也是他融合中西的成功之处。

通过对"南陆北李"的比较，可以看出"继承"和"变革"并不矛盾，都有成功的可能。在时代变革的潮流中，李可染顺应了时代，创造出具有新境界的优秀作品。而陆俨少在西方艺术冲击传统的环境里，依然孤独地立足传统，创造新意，更是难能可贵。可以说陆俨少是20世纪末"传统正脉最后一人"，李可染是"融合中西艺术的拓荒者"。他们的艺术实践，在许多方面对我们都有极大的启发。

一代宗师：蒋兆和

中国人物由传统转向现代，由古典画风转向现实画风，在任伯年的人物画中已有所体现。后来在徐悲鸿的提倡下，许多画家也开始探索人物画写实画法，徐悲鸿本人也身体力行，创作了大量的写实主义作品。但他的人物画，大多是以勾线为主的粗笔白描，或先勾轮廓再涂墨、涂色，没有将笔墨有机地结合在一起。而在蒋兆和的画中，才使笔墨与人物的结构统一在一起，完成了中国人物画由传统向现代的转换。可以说中国人物画的写实主义，是起于徐悲鸿而成于蒋兆和。

蒋兆和（1904—1986 年）被称为 20 世纪中国现代水墨人物画的一代宗师，中国现代画坛独领风骚的艺术巨匠。蒋兆和学贯中西的代表作《流民图》，以其前所未有的宏大、悲壮，以浑厚有力的笔触揭示了大师至真至善的人性，倾泄着对战争的愤怒，表达了对正义与和平的呼声，为现代中国水墨人物画在世界艺坛上确立了光荣的地位。

蒋兆和自幼喜爱绘画，在父亲执教的家塾中读书。为了谋生，蒋兆和16 岁时来到上海，以画肖像和画广告为生，业余自修素描、油画。这期间，他结识了徐悲鸿，深受其以写实主义改良中国画之主张影响。1928—1930年，他担任南京中央大学艺术科图案教师。当"一·二八"淞沪抗战爆发时，为宣传抗日，他曾为抗日将官 19 路军军长蔡廷锴、总指挥蒋光鼐绘制了油画肖像。1934 年，蒋兆和赴南京参加孙中山塑像征稿活动，借宿于徐悲鸿的家中。第二年秋天，为友人李育灵的画室招生，之后又返回四川，于1937 年开始长期定居北平。后来一直担任中央美术学院教授。

蒋兆和的绘画，大多表现社会下层劳动者和颠沛流离者的生活，为他们的不平、不幸而愤慨。劳动者题材是他绘画内容的重要组成部分，他曾在画册自序中写道："知我者不多，爱我者尤少，识我画者皆天下之穷人，惟我所同情者，乃道旁之饿殍。"又说："我不知道艺术之为事，是否可以当一杯人生美酒，或是一碗苦茶？如果其然，我当竭诚来烹一碗苦茶，敬献于大众之前。"他的绘画，始终贯穿着为人生而艺术的善良愿望和进步思想。

艺术不仅在于表现什么，而更在于如何表现。蒋兆和的绘画风格由传统绘画、民间擦炭肖像画、西方素描三部分融合而成。开创了既有笔墨，又有明暗，形象生动，惟妙惟肖的现代写实主义画风。蒋兆和的人物画，笔墨已具两种功用，用线既可体现轮廓，又可体现运笔；用墨既可表明暗，又可表墨韵。笔墨、形体、明暗相互统一，可以这里画一笔、那里抹一下，最后形成一个完整的形象。不必严格按着先勾轮廓线后再涂墨、涂色的传统方法来作画，避免了笔与墨两层皮的缺点。

蒋兆和的人物画，在美术史上也具有划时代的意义，他完成了中国画人物的新旧转换，以崭新的绘画语言，表达着生动的现实生活。他还为国家培养了大量的美术人才，影响十分深远。

知识链接

蒋兆和的《流民图》

1943 年完成的《流民图》是蒋兆和艺术成就的集中体现，也是他那种关注人生的悲剧意识的集中表现。图中背井离乡的农民、工人、知识分子和在死亡线上挣扎的老人、妇女、儿童，无不是战争年代里人民命运的真实写照。

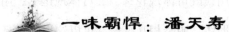

一味霸悍：潘天寿

潘天寿（1897—1971）是勇于挑战极限的画家，用他自己的话来说就是"一味霸悍"。例如，在构图上他敢于打破常规，制造险境，敢于画"丑"。又如，一般忌用大块焦墨，但是他竟敢用焦墨画成《雨后青山铁铸成》。有人说国画不宜作大画，他偏作大幅，而且敢把局部小景画成大画，一如此幅。

就潘天寿自己的绘画来说，有白阳、青藤、八大、石涛的因素，但不限于此，他的画的特点是敢于用"险"，敢于冒险，用他自己的话来说，就是"一味霸悍"，勇于向传统的批评观念挑战。

他在教学上的最大贡献是以大无畏的精神批评中国画的教学，积极推动正在兴起的浙派写意人物画的发展。回顾他的活动，可以看出他不仅是个富有使命感的艺术家，而且是一个善于把握时机、敢想敢干的改革家和经验丰富的教育家，具有战略家的眼光。早在 20 世纪 20 年代担任杭州国立艺专教授时，他就提出东西方绘画分属不同体系，应当拉开距离的理论，与林风眠主张的"中西融合"论的主导思潮形成鲜明对照，尽管当时还不太为人们理解。

新中国建立之初，提倡普及性、通俗性、革命性、主题性、写实性的艺术潮流成为主导倾向。传统国画，特别是花鸟山水画，再度受到冷遇，被批评为不科学、不适合作主题性大画的画种。

以江丰（1910 年—1982 年）为代表的来自解放区的艺术领导，主张学习西方的写实艺术，特别提倡以苏联艺术为榜样，用写实的方法来改造中国画，称之为彩墨画（亦叫墨彩画，1953年—1957年）。当时，在杭州国立艺专，即中央美术学院华东分院，如潘天寿（1897年—1971年）、吴茀之（1900年—1977年）这样一些花鸟画家，因为不擅长人物画，不能作主题性的历史画、故事画，都被闲置起来，暂时脱离了教学岗位。也许作为一种补偿，当时在北京成立中国画研究会，把一些暂时脱离教学岗位的画家集中起来研究传统，其中有黄宾虹、潘天寿等人。中国画研究会这个机构可以说是二三十年代中国画学研究会发起的传统运动的延续。

然而，当时对传统国画的排斥并没有持续很久，毛泽东关于弘扬传统文化的号召，他对中国医学的重视，他关于民族化的那段脍炙人口的谈话和建立中国画院的指示，以及反右运动开展的对崇洋思想的批评和随后美术界要求油画民族化的呼声，给传统国画的复兴带来了机遇。在这一场复兴中国国画的运动中，表现最为突出的一个人物就是潘天寿。

当时，杭州国立艺专更名为中央美术学院华东分院。当潘天寿暂时被学校闲置而负责文物收藏管理工作的时候，他积极为学校四处搜求古代字画，以备日后发展国画之用。当他重返教学岗位，主持中国画教学之后，立即将彩墨画系改名为中国画系，进而提出人物、山水、花鸟分科，亦为自己心爱的花鸟画留下一席之地，同时他还加设书法、篆刻、古典文学诗词等课程。

在人物画方面，与康有为的见解相似之处是，他也认为，要发展中国画的现实主义，就应借鉴唐宋绘画的写实传统。当人们批评国画家画不好人物时，他就借助学西画出身、造型能力强的青年骨干教师，如顾生岳（1927年—）、周昌谷（1929年—1986年）、方增先（1931年—）、宋忠元（1932年—）等，作为德高望重的长辈，以批评家和鉴赏家的身份，帮助改造中国画中的人物画，使之朝着更加中国化的方向发展。

他最早对"素描是一切造型的基础"的理论公开提出质疑，挑战契斯恰柯夫素描体系的普适性，反对中国画学生在人物的脸上表现阴影，提倡用宋代的线描，特别是李公麟的白描，取代素描作为造型的基础，而且还鼓励学生把花鸟画家的大写意笔墨技巧吸收到写意人物画中，从而大大丰富了写意人物画的表现力，成为浙派写意人物画的一大特色。

　　此外另一个重要的转机是，20 世纪 60 年代初，留学德意志民主共和国的舒传熹学成归国来到杭州。他引进了不同于苏派的新的素描教学法，这是一种来自欧洲古老传统的线面结合的方法，后被称为结构素描。无独有偶，差不多同时，文化部聘请的在浙江美院教学的罗马尼亚著名画家博巴（1919 年—1996 年）教授也在传授一种强调东方线条神韵的油画和素描。他们引起了潘天寿、方增先等国画家的关注。

　　潘天寿与博巴惺惺相惜，互相支持，互相鞭策。方增先还从唐宋传统的线描中发现与舒传熹引进的素描相通的东西，并总结出一套称为结构素描的理论和教学方法，从此浙派写意人物画的教学臻于完善，在六七十年代产生很大影响。潘天寿的名望和地位，以及他的积极参与，使他成为五六十年代复兴传统国画的中坚力量。

知识链接

潘天寿的书法

　　潘天寿对书法的造诣也很深，经常临读碑帖，兼长各体，包括文字组织结构不同的"字体"与后世艺术风格不同某一家某一派的"书体"。甲骨文、石鼓文、秦篆、汉隶、章草、真书、行书，二三千年来各个不同的体制、派，经过他的分析、赏会、提炼、吸收，应用到笔底来，无不沉雄飞动，自具风格。

画坛传奇：李苦禅

李苦禅（1899年—1983年），原名李英、李英杰，字励公。山东省高唐县人。是中国写意花鸟画历史上，继宋代法常、明代徐文长、清代八大山人、吴昌硕与近代齐白石之后的又一位统领时代风范的大师。

李苦禅1899年生于山东高唐县的贫农之家。他自幼爱画画，1918年有幸结识徐悲鸿学炭画，并于1922年考取国立北京美术学校西画系。为求学，他靠拉洋车谋生，无论严寒酷暑，白天上课，晚上拉车。没钱买学习用具，就捡别人扔掉的铅笔头、炭条头。冬天没钱生炉子，冷得受不了，他就在雪地里打上一套拳活动筋骨。生活困苦丝毫没影响到他对艺术的追求，任何时候他腋下都夹一本速写册子，见什么画什么，每天只睡五六个小时，其余时间都玩命学习。同学们看到他如此清苦而又执着地求学，就赠给他一个艺名"苦禅"。自此，他便以艺名"苦禅"行世。

李苦禅一直希望能够拜师学习国画，1923年的秋天，他贸然前往齐白石家中拜访，一进门就说："我爱您的画，想拜您为师，不知您能不能收我。现在我是穷学生，没见面礼给您，等我做了事再好好孝敬您老人家吧！"齐白石见他率直质朴，当即答应。就这样，李苦禅成了齐白石第一位拜门弟子，追随老人三四十载。齐白石知道他生活困难，从不收他的学费，有时还留他在家吃饭，给他画画的颜料。齐白石老人每天清晨6点起床开始画画，一直画到晚上十一二点才睡觉，中间只有很少的时间吃饭和休息。老人一生靠辛勤作画自食其力，从不巴结权势，其高贵的品质深深影响着李苦禅。

1930年，李若禅应林风眠校长之邀任杭州艺术专科学校国画教授，率先将齐派艺术带到该地，并首创将"传统文化之综合的写意之戏——京戏"引进高等美术教育。以罗丹派雕刻启示学生理解"写意手段过程之美"，尤以亲领学生"到大自然里找画稿"而突破了轻写生重临摹的教学模式，开创了写生为本，临摹为用，大胆创造，示范教学的新风。更以关注国家命运、同进步学生、贫困学生休戚与共的言行，树立了正义仁厚的师长风范。

李苦禅是我国当代杰出的大写意花鸟画家。一生从事美术创作和美术教育工作60余年。他的作品继承了中国画的优良传统，吸取石涛、八大山人、扬州画派、吴昌硕、齐白石等前辈的技法，并融中西技法于一炉，渗透古法又能独辟蹊径，在花鸟大写意绘画方面发展出了自己独到的特色。

李苦禅笔下的花鸟世界，浑厚、平实而妙得天趣。他经常以松、竹、梅、兰、菊、石、荷花、八哥、鸬鹚以及雄鹰等等题材作画。他用自己独到的审美观点与丰富的表现手法，创造出许多形神兼备、千姿百态的艺术形象。他笔下的花鸟，既有一定的写实，但又不是对自然物象纯客观的描摹，而是高度凝练之后的再创造。在看似随意中蕴含着朴拙之气，在自然含蓄中蕴含着阳刚之气，他的运笔线条如行云流水，苍劲朴拙，笔法凝练简约，却意趣盎然。笔墨纵逸豪放、雄健磅礴。他驾驭笔墨的能力，驾驭写意技巧的能力是惊人的。对于他来说，画幅越大就越能自由挥洒。尤其到了晚年，他的作品愈加返璞归真，雄健苍劲，笔墨挥洒中已经达到了"笔简意繁"的艺术境界。

山水画家：傅抱石

山水画因其以表现无限的空间为要旨，画中树木、房屋、舟车、人物等物象不能画得太大，点景物象画得越大，画面空间也就越小。就是画山体轮廓也不能用过长、过粗的线，因过粗、过长的线会使山体显得矮小，不利于营造深远的山水意境。

山水画是在"竖划三寸，当千仞之高；横墨数尺，体百里之迥"中施展笔墨，不能像画大写意花卉那样纵横其笔。大写意花卉是因为更适合文人画家恣意挥洒，才迅速发展成熟的。但是，山水画一刻也没停止过探索直接挥写的可能。清初的石涛已将大写意花卉画法引入他的画中，开创了笔墨恣肆的山水画风。而在近代，又出现了一位石涛的追随者，终于能像画大写意花卉那样，直接挥洒着"千山万水"，开创了酣然豪放的山水画风，他就是现代画家傅抱石。

傅抱石（1904—1965年），原名傅瑞麟，江西新余人，生于一个贫寒家庭。他少年时便酷爱书画、篆刻，经常出入裱画店，观看书画名迹。青年时期，他努力研习传统技法和画史，曾著《国画源流概述》一书。他广泛师学元、明、清诸家，尤其醉心于石涛画风和绘画理论，因号"抱石斋主人"。

1933年，傅抱石得徐悲鸿之助赴日本留学，入东京美术学校研究部，攻读东方美术史及工艺、雕刻。1936年回国后，由徐悲鸿推荐到南京中央大学艺术系任教。抗日战争时期，在郭沫若主持的政治部三厅任秘书。建国后，傅抱石历任南京师范学院美术系教授、江苏省国画院院长、中国美术家协会副主席等职。1960年，行程万里写生考察，第二年又到东北写生作画，开阔了眼界，创作了许多山水佳作。

傅抱石喜饮酒，尤喜酒后挥毫泼墨。1959年，他与关山月合作，为人民大会堂绘制巨幅山水画《江山如此多娇》时，因国家当时粮食紧张，白酒供应紧缺，傅抱石几日未能饮酒，终于有一天酒瘾发作而开始"罢画"。周总理知道此事后，想方设法弄了两瓶茅台酒送给他，傅抱石非常感动，出色地完成了山水画的创作任务。

傅抱石的绘画，是蕴含古今、融贯中西风格才形成的。石涛的山水虽然笔墨放纵，但他画中的山石树木的结构还是很完整的，因为他毕竟没越出文人画的大框架。文人画山水是用各种皴法、树法、点法的连缀运用，最后完成整幅画面的。可是在傅抱石的画中，他把这一切都给砸碎了。

他的皴法是如同乱麻的"抱石皴"，他的树法是粉碎的"破笔点"，如果按着传统绘画画法，是无论如何成不了画的。因为没有了浑整的点法、皴法，也就没有了物象的结构，就是勉强画成，画面也会凌乱不堪。而傅抱石却出色地将这些松散破碎的皴与点统一在物象的结构中。在貌似凌乱中，山川草木的结构层次井然有序。

实际上，他是吸收了日本竹内栖凤的彩墨画和日本水彩画的成分，去掉光影保留明暗，去掉色彩保留黑白，这样他就用明暗调子将那些"碎笔"统一在物象结构中，使笔与笔之间发生了联系。如果山石皴法、树木点法太完整、独立，那这些明暗调子是无法将它们统一在一起的。

另外，傅抱石是将这些明暗调子隐藏在笔墨中，尽量保持相对的平面，以突出笔墨的效果。如果缺少了这些明暗调子，他的画是不成立的。他作画是大胆落笔、细心收拾，所谓细心收拾，就是调整调子，他的画有时要反复染好几遍，直到能将结构、层次交待明确为止。他的画画面越放纵，其中的明暗关系越准确，只是这些明暗关系被笔墨遮盖了而已。但只要虚眼静观，或者退后几步就能看出其中道理。

另外，他还用抓紧一面、放开一片的方法来表现物象的结构和层次。因他的笔墨多碎笔，如果不在山体结构边缘收紧的话，就会散乱无形。所以，他在山石边缘用笔紧而重，里面松而淡，既可体现笔墨，又可体现结构。为保留山体结构，他用上实下虚、上浓下淡的山体层层推远，而无黏浑之感。

傅抱石的山水画，情境交加，水墨淋漓，意兴酣然时，浓墨纵横，概括万千。他以深厚的传统底蕴，将技法和感情统一在一起，开创了不尚拘谨，不事华饰，笔简意远的山水画风，对现代山水画发展有着重要的启示作用。

"当代三绝"：林散之

林散之（1898—1989年），自幼喜欢书画。1972年中日书法交流选拔时一举成名，赵朴初、启功等称之诗、书、画"当代三绝"。

多年前，在上海黄宾虹寓所对面一个亭子间里，住着一位土气十足的安徽青年，他是来拜黄老为师学艺的，这位青年便是后来大名鼎鼎的林散之。

林散之是安徽省和县乌江人，5岁开始学画，先后拜过几个老师，并着意搜购影印的历代名人书画，勤学苦练，临摹颇见功夫。为了深造，经人介绍，学画于黄宾虹。

大
国
复
兴
——
一
本
书
读
懂
现
代
文
明

说起黄先生，他一生勤奋，"三更灯火五更鸡"，孜孜不倦，读书作画无一日间断。50岁至70岁的20余年间，九上黄山，五登九华，四攀岱岳，此外如天目、天台、雁荡、匡庐、石钟、武夷、罗浮、越秀、岳麓、峨嵋、巫山诸峰都登临过，平生写生画稿多至万幅。在这些写生稿的基础上创作出来的山水画，自然不同凡响了。

俗话说："名师出高徒。"当然也要看徒弟是否努力。林散之学艺极其勤奋，夙兴夜寐，一天只睡几个小时，经常以稀粥和几块豆腐干充饥，埋头学画，刻苦纠正自己先前纤弱、刻板的毛病。他曾呈给黄先生一首七律："草绿天涯又一春，小楼高迥静生尘。十年灯火空皮相，千里风波访道真。只为胸中战肥瘦，谁教腕下粲星辰。于今解得玄机秘，笑把浮名让世人。"生动地写出了自己从师得益，探得艺术本源的喜悦之情。林散之学艺也是"三更灯火五更鸡"，他拜别老师之后，徒步远游1.8万余里，经历7省，饱览了祖国大好山河，途中写生1000多幅，为他一生的艺术事业奠定了坚实的基础。

林散之锲而不舍，几十年如一日，每天清晨一笔不苟地临摹碑帖，写一百个字。80多岁了还是每天四点钟起床，自强不息。有一次在南京美术馆举行的林散之书画展览中，展出他的"日课"隶书四本，临的是《孔宙碑》《乙瑛碑》《张迁碑》和《礼器碑》，受到观众的赞扬。

十年浩劫，林散之不得已返回故乡乌江，在逆境中仍然刻苦地从事诗、书、画创作，从无一日稍息。有一天，他在镇上的小浴池洗澡，人多水热气闷，他一阵头昏跌进了汤锅，立即昏了过去，右臂、右手糜烂，经过抢救，人是救过来了，右手的无名指和小指却从此卷曲致残，整个右臂都不灵活了。

林散之从昏迷中醒过来以后说的第一句话，就是问医生自己的手还能不能执笔。此后，他坚持打太极拳，锻炼臂、腕、手，经过艰苦的努力，终

178

于能用三个可用的手指握笔挥毫。他风趣地称这次汤锅之游为："可怜王母多情甚，接人瑶池又送回。"他曾在《林散之书法选集自序》中写道："学既贵专，尤贵于勤。"

知识链接

书法家启功

启功（1912—2005 年），字元白，也作元伯，号苑北居士。北京市人，满族，雍正帝的第九代孙。中国当代著名书画家、教育家、古典文献学家、鉴定家、红学家、诗人、国学大师。其主要著作《古代字体论稿》《诗文声律论稿》《启功丛稿》《启功韵语》《启功絮语》《启功赘语》《汉语现象论丛》《论书绝句》《论书札记》《说八股》《启功书画留影册》《启功全集》。《启功全集》不仅具有珍贵的史料价值，而且具有极大的鉴赏价值和极高的研究价值。

 扩展阅读　民间剪纸艺术文明

中国的剪纸起源于汉朝，至南北朝时期已相当精熟，然而真正繁盛却是在清朝中期以后。古老的剪纸多在乡间，以剪刀铰出为主，趣味浑朴天然，都是出自农家妇女之手。剪纸进入城市后，不仅市民情趣和生活理想要参入剪纸艺术，而千家万户拥挤在一起，相郊成习，需要颇巨；剪纸艺人为了省工，一刀多张便改为刻刀雕刻为主，风格转向精巧，艺人也就不止于妇女了。

然而，时代更迭、生活改变和审美转化，传统民间艺术渐渐不能适应现实需要，所以现代新兴剪纸艺术孕育而生。

在过去，人们经常用纸做成形态各异的物像和人像，与死者一起下葬或葬礼上燃烧，这一习俗在中国境外有时仍可见到。剪纸艺术一般都有象征意义，也是这种仪式的一部分。此外，剪纸还被用作祭祀祖先和神仙所用供品的装饰物。

现在，剪纸更多地是用于装饰。剪纸可用于点缀墙壁、门窗、房柱、镜子、灯和灯笼等，也可为礼品作点缀之用，甚至剪纸本身也可作为礼物赠送他人。人们以前还常把剪纸作绣花和喷漆艺术的模型。

由于剪纸只是应民情风俗的需要而存在，其材料又不易保存，所以，很少有真正代表不同历史时期面貌的作品传世。我们不妨从历代的典籍载记和文人的字行中，寻到一些蛛丝马迹。

"暖汤灌我足，剪纸招吾魂。"（唐·杜甫《彭衙行》）

"楼金做胜传荆俗，剪彩为人起晋风。"（唐·李商隐《人日》）

"吴越践王于行吉日……城外百户。不张悬锦缎，皆用彩纸剪人马以代。"（五代《武林梵志》）

"向旧都天街，有剪诸色花样者，极精妙，随所欲而成……有少年能手于袖中剪字及花朵之类……"（周密·《志雅堂杂钞》）

"嘉靖中制夹纱灯，刻纸刻成花竹禽鸟之状。随轻浓罩色，熔蜡徐染，用轻绍夹之，映日则光明莹彻，芳菲翔舞，恍在轻烟之中，与真者莫辨。"（明·《苏州府志》）

"石女，张蔡公之女也，有巧思，与人接谈，袖中细剪春花秋菊，细草垂柳，罔不入神……"（清·《保定府志》）

有人说，民间艺术是民族文化的活化石，是有其道理的。由于地域文化背景的差异，及民间剪纸某些体裁样式作品的相对稳定，使今天的民间剪纸中仍保留着我国古代文化的不同层次，我们得以从其中领略民族艺术初始期的神秘、上升期的雄浑和成熟期的神韵，从劳动者的创造中获取历史的启迪。

民间剪纸作为民俗的陪衬，在民间独自顽强地生长，延续到了今天，显示了它生命力的旺盛不衰。正是那些生活在社会最底层的乡村巧手，在谱写着民族艺术史中无声的乐章。

中国剪纸艺术风行南北，各具特色，以下简单了解山东剪纸和浙江剪纸：

1 山东剪纸

一类是渤海湾区域粗犷豪放的风格，与黄河流域其他省份的剪纸一脉相承。一类则是更有特点的山东胶东沿海地区以线为主，线面结合的精巧型剪纸，它以其花样密集的装饰手段，使单纯爽快的外型更饱满丰富。

山东胶东称手巧的女子为"伎俩人"，这种人不管出在哪个村，都是人们引以为荣的事。她们的花样子常常用烟火熏在土纸上到处流传，成为远近乡村剪花的样子。剪纸用途最多的是打扮窗户。胶东的窗户多是细长条形的格子，一般只能贴一些小的花，妇女们开发自己的创意，运用化整为零的方法把大的构图分割成条形剪出，再贴到窗上组合成一个完整的画面。这种称为"窗越"的剪纸一般贴在"窗心"。另有"窗角花""窗旁花"以及悬挂在窗前会活动的"斗鸡花"等，构成了系列性的"棂间文化"。与节庆的居室布置相适应，剪纸还用于墙围及天顶仰棚的装饰，以及器皿的贴花。

山东剪纸从古发展到今，越来越多地显示出它独具有审美功能，因此，民间的"伎俩人"也就更加注重技巧的娴熟。那若断若连的线条和细如蚊足的毛刺，往往叫人感到一种凡人难以达到的绝妙。

2. 浙江剪纸

《武林梵志》载五代时"吴越践王于行吉之日……城外百户，不张悬锦缎，皆用彩纸剪人马以代"，描绘了吴越故地上曾出现的一个宏大剪纸景观。

民间剪纸传统在乡土之中延续传承经久不衰。至1953年以前，调查者曾记述："浙江省的窗花剪纸各地都有，以金华地区永康、浦江、盘安，温州地区的乐清、平阳等地较多，风格各有不同，用途亦各异。"

从所采集的样品看来，金华地区多为窗花和灯花，乐清的细纹刻纸主要用于装饰龙盘灯，平阳一带送礼时放在礼物上的"圈盆花"最有特色。其次，各地均有用以衣裙、鞋帽的乡花样。

题材常见为花卉瓜果、鸟兽鱼多，而戏曲故事则是永康一带的拿手好活儿。剪花的样子多是女子做姑娘时攒下的老辈儿花样；另有一部分是画佛像的民间匠人所为，再经由手艺高的巧手剪制。有的巧手当然也可以自己出样自己剪，甚至看完戏之后就能剪出成套的戏文。

浙江戏曲窗花擅取戏中典型的场面情节，充分体现人物的身段之美。有别于戏曲的是，剪纸为之配上了相适应的背景为衬，显示了特定艺术语言的优势。浙江剪纸造型讲究大的影像轮廓，而影像之中剪出细细的阴线。阴线的恰到好处，能使形象结构与画面的节奏都增添成色。

第八章

绿色中国

——建立现代生态文明新秩序

生态文明是人类在改造客观自然界的同时，又主动保护客观自然界。在积极改善和优化人与自然的关系，建设良好生态环境的过程中所取得的物质和精神成果的总和。回顾我国生态文明建设的历史，我们取得了丰硕的成果，并形成了许多有益的经验和做法。

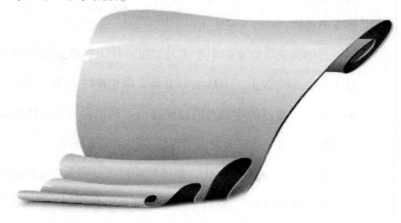

我国生态文明的建设

生态文明是指人类在改造客观自然界的同时，又主动保护客观自然界，在积极改善和优化人与自然的关系，建设良好生态环境的过程中所取得的物质和精神成果的总和。它的核心内容是人与自然和谐发展的价值观在经济社会发展中的落实及其成果反映，包括有利于生态环境和社会经济同时发展的科学的生产方式、生活方式、行为方式和文明的生态文化价值观与环境保护意识。

中国共产党作为执政党，对生态文明的建设经历了一个从萌芽认识到视之为社会价值形态的认识过程，经历了一个从简单的环境污染治理到提出生态文明建设和全方位构建人与自然和谐社会的实践过程。在这个历史过程中，我国的生态文明建设不断探索新的途径，采取新手段，实施新办法，取得了新的成绩。生态文明建设在被纳入中国特色社会主义事业的总体布局之后，已经日益走上科学发展的轨道。

新中国成立以来的半个多世纪里，作为执政党的中国共产党不断深化对生态文明的认识，不断加大生态文明建设的力度。这期间，中国共产党不仅形成了自己的生态文明建设理论，还取得了丰硕的实践成果，为十八大以后的生态文明建设奠定了理论基础和实践基础。

在 20 世纪五六十年代，我国的环境污染和生态恶化还没有成为真正意义上的"环境问题"。就自然环境而言，70 年代初，我国大部分海域环境质量较好。随着人口剧增，为了解决"吃饭"问题，实施"以粮为纲"，在一些不宜种粮的地区开始开荒种粮，导致毁林毁草，围湖围海造田等现象加剧，引发了局部地区的水土流失和自然生态环境恶化。

正因为上述环境问题的出现，中国共产党在执政的过程中开始认识到生态保护的问题，进行了内容包括植树造林、绿化祖国、美化环境、保持水土、调控资源等方面的生态文明建设。

尽管五六十年代，特别是 70 年代，我国的生态文明建设带有萌芽性质，但毕竟迈出了生态文明建设的第一步，取得了一些带有奠基性质的成就。改革开放后的十余年中，依靠高投入高消耗的资源战略，我国经济建设获得较快发展。经济建设和生态环境矛盾开始突出。这一时期我们党坚决贯彻环境保护和计划生育的基本国策，积极开展生态环境建设。这一时期的生态文明建设具有承上启下的性质。

1992 年以来，我国逐渐形成了生态环境与经济同步、协调和发展的可持续发展战略，将生态文明建设带入了国家发展战略和发展目标的论域，促成了生态文明建设的全面展开。

回顾我国生态文明建设的历史，我们取得了丰硕的成果，形成了许多有益的经验和做法。相信在新的时期里，生态建设将大显光辉！

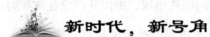

大国复兴
一本书读懂现代文明

党的十八大报告把生态文明建设提升到了前所未有的高度，上升到了国家战略层面。"生态文明建设"第一次作为专门的部分提出来，并将其与经济建设、政治建设、文化建设、社会建设并列，构成中国特色社会主义事业"五位一体"的总体布局。生态文明建设战略地位的提升，标志着我国社会主义事业发展规律认识的进一步深化。

报告第八部分的主题就是"大力推进生态文明建设"。关于生态文明建设有很多新概括，不仅是对以往生态文明建设的总结和提升，更是对今后一段时期生态文明建设的方向性指导。

1. 一个定性

"建设生态文明，是关系人民福祉、关乎民族未来的长远大计。"这就是说，如果生态文明搞不好，人民的幸福、民族的未来都无从谈起。建设生态文明是做好一切工作的前提，是发展中不能跨越的底线。

2. 两个愿景

"努力建设美丽中国、实现中华民族永续发展。"美丽是一个非常感性的字眼，被写进了党的十八大报告中，建设美丽中国，这是人民期望过上美好生活的一个回应。没有美丽中国哪来美好生活？我们建设小康社会，不仅是丰衣足食，而且要有一个很舒适的、很优美的、天人合一的生活环境、生活家园。不仅我们要有这个美好的家园，我们的子孙后代都要有一个美好的家园。

3. 三大发展

"推进绿色发展、循环发展、低碳发展。"从 2010 的第二季度开始，我国已经成为世界第二大经济体了，这么大的盘子，它需要消耗大量的资源、能源来作支撑。而我们的经济增长，很多不仅是粗放式的，还是高能耗、高排放、高污染的，严重破坏了生态。不把经济发展方式转为低碳化的、循环的、绿色的这样一种发展模式上来，不可能实现生态文明。

4. 四大任务

"优化国土空间开发格局；全面促进资源节约；加大自然生态系统和环境保护力度；加强生态文明制度建设。"其中，特别值得关注的是第四项任务。报告要求，要把资源消耗、环境损害、生态效益纳入经济社会发展评价体系，建立体现生态文明要求的目标体系、考核办法、奖惩机制。这意味着生态文明不再仅仅是一种指导观念，还将成为社会进步的考核标准。

5. 五位一体

"落实经济建设、政治建设、文化建设、社会建设、生态文明建设五位一体总体布局。"报告提出这五位一体的格局，而且特别强调要把生态文明建设融入其他四大建设。这里面所谈的虽然是五位一体，但生态文明建设是一个底线，是一个前提性、基础性的条件。

对生态文明建设做了新概括和全面部署，这是十八大报告的重大创新。推进生态文明建设，是一个庞大的系统工程，涉及生产方式和生活方式根本性变革，这对我国社会主义现代化建设提出了更新、更高的要求。

号角既已吹响，行动至关重要。我们相信，生态文明战略地位的提升，必将为进一步增进人民福祉注入更大力量，为全国人民建设"美丽中国"增加信心和决心。

环保组织的兴起

中国环保民间组织从 1978 年开始起步，后来经过多年的发展，其职能和作用在社会发展中占据着越来越重要的地位。目前，中国环保民间组织已经形成了一个完整的系统体系，有效推动了中国全球环保事业的发展。

环保民间组织属于民间组织，它以环境保护为主旨，不以营利为目的，不具有行政权力并为社会提供环境公益性服务。

中国环保民间组织主要经历了三个阶段：自 1978 年起到 20 世纪 90 年代初是中国环保民间组织的诞生和兴起阶段；1995 年至 21 世纪初，是中国环保民间组织的发展阶段；21 世纪初是中国环保民间组织的成熟阶段，因为他们的活动领域逐步发展到组织公众参与环保、为国家环保事业建言献策、开展社会监督、维护公众环境权益。

中国环保民间组织诞生和兴起阶段：在 1978 年 5 月，中国环境科学学会成立，这标志着最早由政府部门发起成立的环保民间组织已经成立。在 1991 年，辽宁省盘锦市黑嘴鸥保护协会注册成立；1994 年，"自然之友"在北京成立。从此之后，我国相继成立了多家环保民间组织。

中国环保民间组织发展阶段：在 1995 年，"自然之友"组织发起了保护滇金丝猴和藏羚羊行动，这是我国环保民间组织发展的第一次高潮。此时，环保民间组织开始了一系列保护动物的活动，帮助其树立良好的公众形象。1999 年，"北京地球村"与北京市政府合作，成功进行了绿色社区试点工作，中国环保民间组织开始走进社区，把环保工作向基层延伸，逐步为社会公众了解和接受。

中国环保民间组织成熟阶段：2003 年的"怒江水电之争"和 2005 年的"26 度空调节能行动"，让多家环保民间组织开始联合起来，为实现环境与经济发展目标一致而行动。最初，中国环保民间组织是单独行动，但是现在已经进入了合作的时代。其活动领域也更加广泛，从早期的环境宣传及特定物种保护等逐步发展到组织公众参与环保，为国家环保事业建言献策，开展社会监督，维护公众环境权益，推动可持续发展。

我国环保民间组织分四种类型：一是由政府部门发起成立的环保民间组织，如中华环保联合会、中华环保基金会、中国环境文化促进会，各地环境科学学会、野生动物保护协会等；二是由民间自发组成的环保民间组织，如以非营利方式从事环保活动的其他民间机构等；三是学生环保社团及其联合体，包括学校内部的环保社团、多个学校环保社团联合体等；四是国际环保民间组织驻华机构。

我国环保民间组织主要集中在北京、天津、上海、重庆及东部沿海地区；其次是湖南、湖北、四川、云南等生态资源丰富的省份；其他地区的环保民间组织相对较少。

我国环保民间组织的特点是：年轻人多、学历层次高、奉献精神强、影响面广。

虽然，我国环保民间组织起步较晚，但是成长非常快。与此同时也暴露出了很多弱点，如发展不均衡，骨干人才偏少。虽然民间组织数量比较多，管理较为规范，而能力也很强，但是因为是由政府发起的，所以没有独立性。一些省级以下的组织不经常开展活动；学生环保社团数量大、热情高，但是没有稳定的组织，负责人经常发生变动。而虽然民间自发组织有一定的数量，但是组织较为松散。总之，各种各样的问题依然存在。

知识链接

世界森林日

"世界森林日"又被译为"世界林业节"。这个纪念日是于1971年，在欧洲农业联盟的特内里弗岛大会上，由西班牙提出倡议并得到一致通过的。同年11月，联合国粮农组织（FAO）正式予以确认。"世界森林日"，有的国家把这一天定为植树节；有的国家根据本国的特定环境和需求，确定了自己的植树节；中国的植树节是3月12日。而今，除了植树，"世界森林日"广泛关注森林与民生的更深层次的本质问题。

 "低碳" 健康的生活文明

随着人们对环境的重视，现在中华大地上流行着一种潮流生活——低碳生活，所谓的"低碳生活"就是在日常的生活中尽量减少二氧化碳等温室气体的排放，避免奢侈浪费，也就是一种低能量、低能耗、低消费的生活方式。"低碳生活"并不是一种能力，而是一种对自然负责的态度，是每一位公民稍微改变自己的生活习惯就能做到的。那么要践行低碳生活，到底该从哪些方面做起呢？

第一，"衣"肯定少不了。首先要少买不必要的衣服，一件最为普通的衣服从采收原料到成衣再到丢弃，大约可以排放2.5千克的二氧化碳，所以少买不必要的衣服就是最大的低碳。其次在选购衣服时，尽量选购一些环保低碳类材质衣物，因为这类衣物要比化纤衣服的排碳量少很多。最后，洗衣服也有很多讲究，尽量手洗与使用节能洗衣机都是不错的低碳方法，同时，还要珍惜旧衣服。

第二，"食"也要有所了解。"谁知盘中餐，粒粒皆辛苦。"这个道理人人皆知，因此一定要减少对粮食的浪费；要多吃素少吃肉，因为生产 1 公斤蔬菜的二氧化碳排放量仅仅是生产 1 公斤牛肉的 1/9；在选购食品时尽量选购本地食品，这样可以在食品运输方面减少二氧化碳的排放量。多选购应季食物，相比反季食物而言，应季食物都是沐浴在自然充足的阳光雨水下生长成熟的，而不像需要花费大量人力、物力进行搭架、助长才成熟的反季食物。另外，可以选择在自家阳台庭院中种纯天然有机种菜自给自足，支持有机农场的发展。

第三，"住"有很大的学问。目前，低碳的装修理念已经深入人心，进行一次低碳装修不仅有利于居住者的身体健康，也可为其节省不少资金。另外，生活中的小细节很多，比如节约用电、节约用水、节约用气、通风……这些都是低碳生活中的重要内容。

第四，"行"要既安全又低碳。少开车，多乘公共交通工具可以有效减少二氧化碳的排放量；而骑自行车、步行则更可以将排碳量降低到最低。另外，选购小排量汽车以及通过保持合适胎压、停下就及时熄火等措施同样可以为减少二氧化碳排放量做出贡献。

第五，"办公"，在此姑且将其列入生活中的一部分，因为一些白领工作者只要养成良好习惯，完全可以在室内这个特殊办公环境中实现低碳。比如，开短会，将空调温度调高一度，使用电邮、QQ、MSN 等即时聊天工具传送文件等都可以有效降低二氧化碳的排放量。

总而言之，低碳的生活方式已经越来越受人群的追捧，同时掀起的一波又一波的"低碳革命"也正以迅雷不及掩耳之势奔向世界的每一个角落。

坚持以健康、快乐、环保、可持续发展为核心理念的"乐活族"队伍正在迅速壮大。

知识链接

老子的"低碳生活"

其实很久以前，就有人已经开始践行"低碳生活"了，此人便是世界文化名人——老子。"众人熙熙，如享太牢，如登春台，而吾独泊兮，其未兆；若婴儿之未孩"的心境可称一种难得悠闲的低碳心境；而"致虚极，守静笃，万物并作，吾以观复"的不同凡俗的追求，则堪称一种不借用过多外物，与大自然和谐相处的低碳生活。因此，将老子比作"低碳生活"的鼻祖也并不为过。

 节能低碳的出行文明

低碳汽车就是环保型汽车。通常情况下，低碳汽车就是指那些开发过程无污染，使用健康且安全，不会破坏环境和生态，在特定的技术标准下生产出来的汽车产品。它在很多方面的要求都是有一定国际标准的，如对汽车生产基地、汽车能源、汽车尾气的要求，对汽车从生产、销售到废品回收的整个过程的要求，以及对环境、生产技术、安全等方面的要求。

其实，关于绿色汽车的其他叫法，在国际上有很多，如"环保汽车"或

"清洁汽车"等。虽然它们的叫法有些许不同，但实质上没有太大的差别，它们都是健康无污染的汽车，这种绿色汽车不仅可以保护环境，保证汽车的安全性，还能得到广大消费者的喜爱。低碳正向全球汽车发起冲击，世界各国汽车企业正在加速"低碳汽车"的研发进度和大规模生产的速度。但是发展低碳汽车要取得成功，首先要提高认识，对"低碳汽车"应有个正确的理解。

中国宣布到 2020 年中国国内碳排放比 2005 年下降 40%—45%。汽车业是国家重点产业，2009 年销售量突破 1000 万辆，更多的家庭圆了汽车梦，然而传统汽车向来是碳排放大户，有研究称，一辆轿车年排出有害废气达自身重量的 4 倍。

中国目前的汽车保有量很低，人均汽车拥有量仅为世界水平的 1/3，但年耗油量已经接近全国成品油总量的 60%。按照目前的增长速度和油耗水平，我国汽车保有量在 2020 年突破 1.5 亿辆时，年耗油量将突破 2.5 亿吨，届时汽车的排放将成为气候变化不可承受之重。

因此，随着汽车保有量急剧增加，我国汽车行业必须肩负起减少二氧化碳排放的重大责任，发展"低碳汽车"对我国汽车企业来说意义重大，企业和政府主管部门必须认真研究制定科学、可行的引导措施，加大"低碳汽车"的研发和市场化支持力度。汽车工业的前途和商机在哪里？发展低碳汽车，尤其是电动汽车也许是汽车行业"弯道超车"的最佳机遇。事实上，"中国可能成为未来电动汽车的中心"已基本成为世界主流共识，麦肯锡《中国蓄势待发：电动汽车的机遇》估计，到 2030 年，若电动车占乘用车总量的 20%—30%，那么中国国内电动汽车市场可达到 2000 万亿—1.5万亿元，对中国汽车业来说，这是一个很大的"绿色"商机。

专家认为：发展低碳汽车是汽车行业的一场重大变革，以电动汽车为代表的新能源汽车在技术方面还需要有重大突破；在配套设施方面，需要长期投资并逐渐完善。目前从技术上来讲还没有成熟到可以批量生产的阶段，由于成本较高，所以短期内不可能对节能减排有重大贡献，估计这个过程可能要 10 年甚至 15 年，这期间我们必须"两条腿走路"，在发展新能源的同时，进一步完善、改进传统内燃机技术。目前，传统汽车仍有升级潜力，节能减排效果明显，一段时期内，传统汽车的统治地位不可动摇。

另外，新能源汽车与新能源关系密切，能源行业要注意辨别哪些能源碳分子结构多，哪些碳分子结构少，要把"低碳能源"放在优先发展地位。

知识链接

"零碳"婚礼

2009 年 4 月，日本一对新人结婚，两位新人热心于环保，从车站到婚礼现场使用人力出租车运送宾客，婚宴也尽可能办得绿色环保，连送给客人的答谢品都是用天然材料生产的毛巾。美中不足的是，整个婚礼还是排放了约 2 吨二氧化碳，于是两位新人向从事"碳中和"业务的中介机构支付了约 80 美元，用于支援发展中国家减排二氧化碳，算是举办了一场零碳婚礼。

防沙护林"绿色长城"

在当今采用的防治荒漠化技术与措施中，植树造林是防风固沙最基本、最常用的方法，也称为生物治沙技术。它不仅治沙效果好、效益佳，容易与其他治沙技术配套形成综合性的防风固沙体系，而且可以天然更新复壮。

从 1978 年开始，为了防风固沙和遏制"沙逼人退"的荒漠化威胁，我国在东北西部、华北北部和西北风沙危害、水土流失严重地区建设"三北"大型防护林工程。计划用 73 年时间，即到 2050 年完成这一宏伟工程，预计造林 5.34 亿亩。人们将"三北"防护林工程形象地称为中国的"绿色长城"。1992 年，时任国务院总理的李鹏在联合国环境与发展大会上宣布："中国'三北'防护林体系长达 4480 公里，已成为防止风沙南侵的'绿色长城'。"

1. "三北"防护林旗开得胜

从 20 世纪 70 年代末开始，覆盖我国西北、华北、东北 13 个省市区的 551 个县级市、总面积达 406.9 万平方公里的"三北"防护林工程，经过几十年的持续建造，初步形成了带片网、乔灌草相结合的防护林体系基本骨架。这一工程造林 2516 万公顷，使流入黄河的泥沙减少近 3 亿吨，"三北"地区荒漠化土地减少 4 万多平方公里，治理沙化土地逾 30 万平方公里，并大面积恢复了沙化、盐碱化严重的草原。

"三北"防护林工程在沙区以防风治沙、合理开发利用为主攻方向，大力发展沙草业，改善沙区群众生产和生活条件，已使"三北"地区 20%以上的沙漠化土地得到基本治理，取得了明显的生态与经济效益。

在国家"十一五"期间，三北地区继续实施"三北"防护林第四期工程，获得了丰硕成果。以荒漠化较严重的宁夏来说，这期间新增人工造林面积 150 万亩，封山 (沙) 育林、育草 25 万亩；完善农田林网，实现灌区高标准平原绿化，使灌区林网化程度达到 85%以上，森林覆盖面积达到 12%以上；在腾格里沙漠边缘的沙区，播种、栽植柠条、花棒、杨柴等旱生灌木，完成治沙造林 100 万亩；完成包兰铁路银川、中卫段铁路沿线绿化 70公里，黄河护岸林 11.8 万亩……这些成就的取得，使宁夏成为全国首个实现"人进沙退"的省区之一。

"三北"防护林不仅是防风固沙、防止水土流失的绿色长城，而且还具有保护农田、提高粮食产量、提供木材和林业产品以及发展森林观光旅游等出色本领。绿色防护林经过不断完善和发展，尤其是平原农区防护林体系基本建成后，促使农田林网化面积不断扩大，粮食产量大幅度增加。例如，在华北、黄河河套、东北等平原农区，营造规模宏大的区域性农田防护林253万公顷，有效保护农田2248.6万公顷；一些低产农田实施农田林网化后，变成了稳产高产田。

"三北"地区的粮食单产由1977年的118千克/亩，提高到2007年的3311千克/亩，总产量由0.6亿吨提高到1.53亿吨。沙区还新开辟农田牧场1534万公顷，使粮食增产15%—20%。仅此一项，"三北"地区增产粮食187.6万吨。

2005年，我国产粮"十强县"全部是"三北"防护林工程农田防护林体系建设的达标县。在建造"绿色长城"的过程中，也建设了一批特色林产品基地，增加了农民的收入，促进了地方经济的发展。营造各种经济林400万公顷，建成了苹果、香梨、大枣、枸杞、板栗等一大批具有较强竞争优势的产业带，年产新鲜果品3600万吨，产值达537亿元。与时同时，"三北"地区还成立了以人造板、家具制造、造纸等为主的木材加工企业5000多家，安排就业70多万人，产值225亿元。此外，"三北"地区以森林观光和绿色产品为主题的各类旅游、休闲产业正蓬勃兴起，每年接待游客近亿人次，产值达200多亿元。

2. 未来美好发展前景

"三北"防护林是我国兴建的第一个大型林业生态工程，开创了将森林的生态功能和经济功能相结合的先河。这是因为，"三北"地区是我国林业发展的难点和重点地区。从难点来说，它的沙化面积达148万平方公里，占全国沙化土地的 85%；水土流失面积达 240 万平方公里，占全国的 67%。从重点来说，"三北"地区是我国林业发展潜力最大的地区，这一地区 13 个省市区现有宜林面积达 393 675 公顷，占全国宜林面积的 68.7%；全国近 5075 平方公里可治理的沙化土地，90% 集中在"三北"地区。因此，它自然就成为了建造生态防护林地的首选。

按照"三北"防护林工程的规划，这一林业生态工程在保护好现有植被的基础上，还应不断完善提高，加速发展。到 2020 年，森林覆盖率将达到 12%，平原地区建成区域性防护林体系，农业综合生产力显著增强；沙化土地扩展得到基本遏制，水土流失得到不同程度的治理，土地承载力和人口环境容量得明显提高。到 2050 年，完成规划规定的建设任务，森林覆盖率达到并稳定在 15% 左右，风沙危害和水土流失得到有效控制，生态环境和人民群众的生产、生活条件从根本上得到改善，建成较完善的森林生态体系、较发达的林业产业体系和较繁荣的生态文化体系。

 建立自然保护区

自然保护区是指对有代表性的自然生态系统、动物、植物等保护对象所在的陆地、陆地水域或海域，依法划了特殊保护区域。

我国自然保护区体系的特点是：面积小的保护区多，超过 10 万公顷的保护区不到 50 个；保护区管理多元化；多数保护区管理级别低，县市级保护区数量占 46%，面积占 50.3%。按保护对象和目的，可分为六种类型：

(1) 以保护完整的综合自然生态系统为目的的自然保护区，例如以保护温带山地生态系统及自然景观为主的长白山自然保护区，以保护亚热带生态系统为主的武夷山自然保护区和保护热带自然生态系统的云南西双版纳自然保护区等。

(2) 以保护某些珍贵动物资源为主的自然保护区。如四川卧龙和王朗等自然保护区以保护大熊猫为主；黑龙江扎龙和吉林向海等自然保护区，以保护丹顶鹤为主；四川铁布自然保护区，以保护梅花鹿为主等。

(3) 以保护珍稀孑遗植物及特有植被类型为目的的自然保护区，如广西花坪自然保护区，以保护银杉和亚热带常绿阔叶林为主；黑龙江丰林自然保护区及凉水自然保护区，以保护红松林为主；福建万木林自然保护区，则主要保护亚热带常绿阔叶林等。

(4) 以保护自然风景为主的自然保护区和国家公园，如四川九寨沟、缙云山自然保护区、江西庐山自然保护区、台湾玉山国家公园等。

(5) 以保护特有的地质剖面及特殊地貌类型为主的自然保护区。如以保护近期火山遗迹和自然景观为主的黑龙江五大连池自然保护区；保护珍贵地质剖面的天津蓟县地质剖面自然保护区；保护重要化石产地的山东临朐县山旺生物化石保护区等。

(6) 以保护沿海自然环境及自然资源为主要目的的自然保护区。主要有台湾省的淡水河口保护区，兰阳、苏花海岸等沿海保护区；海南省的东寨港保护区和清澜港保护区等。

由于建立了一系列的自然保护区，中国的大熊猫、金丝猴、麋鹿、扬子鳄等一些珍贵野生动物已得到初步保护，有些种群并得以逐步发展增多。如安徽的扬子鳄保护区繁殖研究中心，在研究扬子鳄的野外习性、人工饲养和人工孵化等方面，取得了突破，使人工繁殖扬子鳄几年内，发展到1600多只。又如曾经一度从故乡流失的珍奇动物麋鹿，已重返故土，并在江苏盐城大丰县和北京南苑等地建立了保护区，以便得到驯养和繁殖，现在大丰县麋鹿保护区拥有的麋鹿群体，居世界第三位。此外，在西双版纳自然保护区的原始森林中，发现了原始的喜树林。有些珍稀树种和植物，在不同的自然保护区中，已得到繁殖和推广。

 ## 扩展阅读　地球村的"低碳族"

有一位"低碳达人"如此描述他的生活："平时，我会选择在网上进行银行业务和账单操作，方便快捷的同时，还能减少纸质文件在运输过程中消耗的能源。我自己做饭，自己修电器，尽情享受 DIY 的乐趣。商场食品区内，随处可见印有绿色食品标签的蔬果、粮食；家电区中，无氟冰箱、超静音空调、低辐射电视机占据一方天地；家居卖场里，环保涂料等绿色建材吸引了大批人前来购买。假日里，我会骑上单车远离都市喧嚣，去市郊或乡下田间做一深呼吸……"

除了低碳达人，倡导理性消费的新节俭主义的"NONO"族、"虾米族"以及"乐活族"实际上都是"地球村低碳族"的亲密族友。

"NONO"族之称来源于加拿大记者克莱恩的畅销书《拒绝名牌》，书中揭示了当今世界疯狂的消费状况，以及人类在日常生活中所受到的品牌及其广告的骚扰和欺诈，它为身处高消费社会的西方人敲响了警钟。通过对名牌崇拜说"NO"，对奢华铺张说"NO"，倡导一种都市中的理性消费和简约生活。

当下颇为时尚的"虾米族"，他们以"不啃老、不月光、将小日子过出大滋味"为信条。"虾米"们经常在网络上的家——"虾窝"里交流小户型怎样装修出大空间、哪些服饰品牌有折扣、有哪些新型经济型轿车推出等信息。他们动脑筋、拼创意，花好每一分钱，无论衣食住行都追求环保、自然和精致。

"乐活族"，乐活意为健康可持续的生活方式。"乐活族"认为：健康，不只对自己，也对旁人。永续，不只对旁人，也对地球。所以我们吃得健康、穿得简单、关心世人、热爱自然、追求身心成长、减少浪费及污染。我们相信，若能启发更多人过乐活生活，小区会变得更快乐，世界会变得更美好。我们的生命只有六七十余年，但地球的生命无限。鼓励自己和下一代乐活，是我们参与地球未来的唯一方法。

"走班族"，在交通还不发达的年代，很多人都羡慕可以开车上班的人。如今，不少人都实现了买车的愿望，但是他们并没有想象中那么有满足感，反而想回归最原始的方法——走路上班，从而衍生了"走班族"。有这样一个段子："俺们刚吃上肉你们又吃菜了；俺们刚穿上睡衣，你们又改裸睡了；俺们刚把青菜上的害虫灭掉，你们又改爱吃虫啃过的菜叶了……"现在应该再加上一句："俺们刚开上汽车，你们又改走路了。"

"走班族"中既有年轻的"80后"，也有事业有为的"70后"，他们多数为有车一族，但是家与单位的路程较短，多数在30分钟以内就可以步行到达。在提倡低碳生活的背景下，这种"走班"的方式越来越流行于繁华的都市。一些平时懒于运动的年轻群体也被身边的朋友所感染，放弃开车上班，加入到健康的"走班族"行列中。

步行既环保又可愉悦身心。现在，都市生活的节奏越来越快，特别是长时间待在办公室的白领，更是很少锻炼身体，不但容易积累脂肪，也容易出现各种职业病。"走班"是一种低碳的生活方式，不但可以减少对环境的污染，还可以锻炼身体、预防各种疾病、缓解压力、愉悦身心。

"爬楼族"，汽车取代了步行，电梯取代了楼梯……随之而来的是——脂肪肝、啤酒肚、水桶腰成为困扰上班族的一大心病。如今，爬楼梯这项非常实用的有氧运动开始兴起，无需费用的同时，它最大的优点在于可以利用许多空间和时间去进行，因此受到越来越多上班族的喜爱。

爬楼梯可以节约能源。一部普通的电梯，每天用电量约为 50—150 度。电梯的耗电量已经成为城市用电的新的增长源，电梯已成为仅次于空调的"电老虎"。为了节省电的消耗，建议大家多爬楼梯。

爬楼梯也有益于健康，据运动医学家测算，人每登高 1 米所消耗的能量，相当于散步 28 米的耗能。经常爬楼还有益于减肥，一位体型较胖的妇女，若住在三楼，如果每天坚持步行上下楼 5—6 次，据说一年之内体重可减轻约 3 千克。

第九章

辞旧迎新
——丰富多彩的现代生活文明

自新中国成立以来，许多旧习俗已经被革除。在物质丰腴的蕴育中，新的生活方式融入到现代生活的方方面面。其中，不仅有对传统节庆的传承，还有对艺术技巧的发展和创新，更有对新生事物的大胆尝试。正因为众多因素融合于现代的社会生活，使得现代人们的生活出现了丰富多彩的新气象。

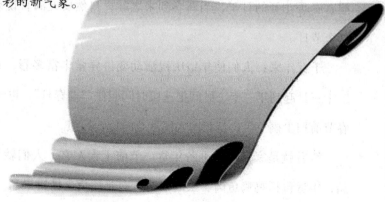

隆重的春节庆祝习俗

春节是中国最盛大的节日，也称农历新年，节日欢庆时间最长，礼俗最为隆重繁琐，也最为中国人重视。一般春节从农历二十三开始，至元宵节前结束，举国上下，普天同庆，尤其是大年三十、初一，几乎所有行业的人都要放假与家人团聚，共庆新年。

春节，是农历正月初一，又叫阴历年，俗称"过年"。这是我国民间最隆重、最热闹的一个传统节日。春节的历史悠久，它起源于殷商时期年头岁尾的祭神祭祖活动。按照我国农历，正月初一古称元日、元辰、元正、元朔、元旦等，俗称年初一，到了民国时期，改用公历，公历的一月一日称为元旦，把农历的一月一日叫春节。

春节到了，意味着春天将要来临，万象复苏草木更新，新一轮播种和收获季节又要开始。人们刚刚度过冰天雪地草木凋零的漫漫寒冬，早就盼望着春暖花开的日子，当新春到来之际，自然要充满喜悦载歌载舞地迎接这个节日。

千百年来，人们使年俗庆祝活动变得异常丰富多彩，每年从农历腊月二十三日起到年三十，民间把这段时间叫作"迎春日"，也叫"扫尘日"，在春节前扫尘搞卫生，是我国人民素有的传统习惯。

然后就是家家户户准备年货，节前十天左右，人们就开始忙于采购物品，年货包括鸡鸭鱼肉、茶酒油酱、南北炒货、糖饵果品，都要采买充足，还要准备一些过年走亲访友时赠送的礼品，小孩子要添置新衣新帽，准备过年时穿。

在节前要在住宅的大门上张贴红纸黄字的新年寄语，也就是用红纸写成的春联。屋里张贴色彩鲜艳寓意吉祥的年画，心灵手巧的姑娘们剪出美丽的窗花贴在窗户上，门前挂大红灯笼或贴福字及财神、门神像等，福字还可以倒贴，路人一念福倒了，也就是福气到了，所有这些活动都是要为节日增添足够的喜庆气氛。

春节挂贴年画在城乡也很普遍，浓墨重彩的年画给千家万户平添了许多兴旺欢乐的喜庆气氛。年画是我国的一种古老的民间艺术，反映了人民朴素的风俗和信仰，寄托着他们对未来的希望。年画，也和春联一样，起源于"门神"。随着木板印刷术的兴起，年画的内容已不仅限于门神之类单调的主题，变得丰富多彩，在一些年画作坊中产生了《福禄寿三星图》《天官赐福》《五谷丰登》《六畜兴旺》《迎春接福》等经典的彩色年画，以满足人们喜庆祈年的美好愿望。我国出现了年画的三个重要产地：苏州桃花坞，天津杨柳青和山东潍坊，形成了中国年画的三大流派，各具特色。

我国现今收藏最早的年画是南宋《随朝窈窕呈倾国之芳容》的木刻年画，画的是王昭君、赵飞燕、班姬和绿珠四位古代美人。民间流传最广的是一幅《老鼠娶亲》的年画。描绘了老鼠依照人间的风俗迎娶新娘的有趣场面。民国初年，上海郑曼陀将月历和年画二者结合起来。这是年画的一种新形式。这种合二而一的年画，以后发展成挂历，至今风靡全国。

接财神这个习俗流行于北方地区，而且各地接财神的时间、仪式都有所不同。黑龙江、吉林等省是在除夕子夜接财神。

接财神前全家一起包饺子，一到子夜，主妇便下厨房煮饺子，此时屋门大开。男主人提灯走到户外，按皇历上说的财神所在方位去接财神，如这一年财神在正东，出门便向东走，适可而止，放下灯笼，点燃香烛，跪拜，然后回家。在家中庭院中设立供桌，点香放炮，男主人跪拜后，从户外走进室内，室内人齐声问："迎来财神了？"男主人要虔诚回答："迎来了！迎来财神了！"家中最小的孩子事先要躺在叠得高高的被子上，听到男主人问："小日子起来了吗？"孩子就坐起来高声回答："起来了，小日子起来了！"表示财神迎到家里来了。女主人把煮熟的饺子先捞出一碗来祭财神，然后把其余饺子放在饭桌上，全家欢欢喜喜吃过年饺子。

中国民间有"开门爆竹"一说，即在新的一年到来之际，家家户户开门的第一件事就是燃放爆竹，以爆竹声除旧迎新。爆竹是中国特产，亦称"爆仗""炮仗""鞭炮"，其起源很早，至今已有2000多年的历史。放爆竹可以创造出喜庆热闹的气氛，是节日的一种娱乐活动，可以给人们带来欢愉和吉利。随着时间的推移，爆竹的应用越来越广泛，品种花色也日见繁多，每逢重大节日及喜事庆典，及婚嫁、建房、开业等，都要燃放爆竹以示庆贺，图个吉利。现在，湖南浏阳、广东佛山和东尧，江西的宜春和萍乡，浙江温州等地区是我国著名的花炮之乡，生产的爆竹花色多，品质高，不仅畅销全国，而且还远销世界。

新年的初一，人们都早早起来，穿上最漂亮的衣服，打扮得整整齐齐，出门去探亲访友，相互拜年，恭祝来年大吉大利。拜年的方式多种多样，有的是同族长辈带领若干人挨家挨户地拜年；有的是同事相邀几个人去拜年；也有大家聚在一起相互祝贺，称为"团拜"。由于登门拜年费时费力，后来一些上层人物和士大夫便使用名贴相互投贺，由此发展出后来的"贺年片"。

春节拜年时，晚辈要先给长辈拜年，祝长辈人长寿安康，长辈可将事先准备好的压岁钱赠予晚辈，据说压岁钱可以压住邪祟，因为"岁"与"祟"谐音，晚辈得到压岁钱就可以平平安安度过一岁。压岁钱有两种，一种是以彩绳穿线编作龙形，置于床脚，此记载见于《燕京岁时记》；另一种

是最常见的，即由家长用红纸包裹分给孩子的钱。压岁钱可在晚辈拜年后当众赏给，亦可在除夕夜孩子睡着时，由家长偷偷地放在孩子的枕头底下。现在长辈为晚辈分送压岁钱的习俗仍然盛行。

 民主自由的现代婚俗文明

现代婚礼的过程主要有议婚、订婚、结婚登记、办庆典等。然而根据个人的意愿也可以拥有自己特别的婚姻过程和形式，例如旅行婚礼、集体婚礼等等。

1. 议婚

时代的车轮前进到今天，当代议婚的过程也就是男女平等、自主婚姻、自由恋爱的过程，这使得当代的婚姻与传统夫妻关系的"拉郎配"有了质的区别。

所谓"议婚"，就是确立择偶动机、标准的过程，也是初步确定婚恋对象的过程。建立一个美满的婚姻家庭，议婚起着打基础的作用。

2. 订婚

议婚之后，一对男女再经过一段时间的恋爱，感情进一步加深，决定要将终身完全结合在一起。这时，一般都有订婚（也叫定亲）的礼仪。

订婚的功能是将双方的婚姻关系用礼俗的方式加以确定，并以之获得社会承认和监督。男女一旦正式订婚，男女双方都要对这种关系负起一定的道德责任，婚约的终止再不是随便的事情。如果发生婚变，便得经由双方协商或外人调解。经协商调解废除婚约的，一般也要通过一定的场合公开宣告，或登报声明。否则就被视为是一种不道德的行为。

3.结婚登记

我国制定有《婚姻法》和《婚姻登记法》。在举行正式的婚礼之前要完成法律规定的登记手续，按照法律规定的有关条文，以下各项是准备结婚的青年及其家长必须认真执行的。

(1) 必须是男女双方完全自愿的婚姻，不能有任何的包办、买卖的因素在内。

(2) 重婚是严重的违法行为。

(3) 男性必须年满 22 周岁，女性必须年满 20 周岁。

(4) 直系血亲和三代以内的旁系血亲禁止结婚。这其中当然也排除了旧时表兄妹可以通婚的陋习。

(5) 结婚之前，必须持有关的证件到婚姻登记机关申请结婚登记。如果是涉外婚姻，其登记手续必须按民政部颁发的《中国公民同外国人办理结婚登记的几项规定》办理。登记后方可领取结婚证，婚姻当事男女双方各持一份。只有领取了正式的结婚证书的男女，才是合法夫妻，才可能受到法律的保护。

从礼俗的角度看，法律是最大的礼俗，依法办事也就是尊重礼俗。如果说礼仪习俗可从可不从，但国家的法律是每个公民都必须无条件遵守的，是不能违反的。

在农村个别地方，至今还有一些人认为订了婚、办了结婚喜酒，就算是正式结婚了，这种观念是完全错误的。订婚、喝喜酒只是民间礼俗行为，它只受礼俗约束，并不受法律保护。只有办理了结婚登记手续的婚姻才受法律保护。

4. 选择婚期

结婚是人一生中的大事，选择婚期，过去人们称为"择日"，即商定结婚的日期。这种活动，一般由男方的父母出面，登门拜访女方父母，俗称为"求亲"，实际上是双方家长共同商议结婚日期和搬嫁妆的日期。

由于受传统婚嫁礼俗的影响，有的人把选择婚期理解为选择"黄道吉日""逢双不逢单""三六九"等等，这都是不科学的。一般来说，选择婚期要考虑以下几个方面：

（1）看婚前检查结果。每对青年结婚前都应进行体检，了解双方的健康状况。检查中，如发现有生殖器官异常、梅毒、淋病、麻风病、严重的心脏病等疾病，应延缓婚期，耐心治疗，待身体康复后再结婚。

（2）看时节。一般来说，节假日或农闲季节结婚比较适宜，此时男女双方都有时间和精力来做婚前的准备工作，如体检、办理结婚登记手续、安排新房等，同时也便于亲友前来参加婚礼。旅行结婚的则可以有充裕的时间，伉俪携手，尽情地游览名山大川，领略大自然的壮丽风光，使婚礼更添几分色彩。

（3）看结婚的准备工作是否就绪。如新房是否布置好了，该添置的衣服是否添置齐全了，主要亲友是否都能参加，等等。

（4）看工作任务是否繁重。婚期最好选在工作比较轻松的日子里，使婚礼举行得从容些，甚至还可以有一个短期的蜜月旅行。

（5）选择节假日或节假日前夕。婚期和节日结合在一起，可以增加喜庆的气氛，可以使时间更加宽裕，而且参加婚礼的亲友会更多些。

5. 办嫁妆

传统意义的办嫁妆，就是女方家庭给女儿准备出嫁的礼物。当代城市办嫁妆一般是双方家庭共同为儿女婚事所需物质和金钱筹划和准备。双方家庭送给儿女的一般包括两个方面的物品：一是组织新家庭的必需品，诸如家具、床上用品、家用电器之类；二是表示喜庆的纪念品，如工艺品或首饰之类。当代独生子女增多，加之收入水平不断提高，这样给儿女所送礼品也就贵重和多样了，诸如送房子、金钱等。农村有些地方，还保留有"报日"（也叫"过日"）的传统礼俗，所谓"报日"，就是将举办婚典的日期报知女方。女家得到"报日"后，就得加紧给女儿办嫁妆和送嫁妆，一般是女方家将男方送来的彩礼礼金，或自家再贴补一些，给女儿置办嫁妆，如购买彩电、洗衣机、电冰箱、摩托车、煤气灶及其他日常用品等。但这得根据自家的经济状况量力而行，不应"不得已而为之"。

6. 搬嫁妆

女方嫁妆在婚期前搬至男家，以便布置新房。这种搬嫁妆的工作，由男方组织。搬时，交通工具上常张贴有"双喜"字，物品上也有红色吉祥剪纸。在嫁妆搬出女家和搬入男家时，有的还放鞭炮。现在，有些地方又有新的做法，即在结婚当日新娘出嫁时，同时送出嫁妆。

7. 确定婚典主事人员

确定城市婚礼的主事人员，最重要的是要事先确定以下人员：

主婚人：一般是由德高望重的长辈、单位领导或家长担任。

证婚人：一般是由两位新人的介绍人或亲朋好友担任，也有的只设主婚人或只设证婚人。

婚礼的司仪：这是整个婚礼中最重要的人员之一，有的找头脑灵活、文化高、口才好、应变能力强的亲友或有经验的同事担任。也有的请专业人士担任司仪，认为专业人士可以将仪式主持得艺术、活跃、得体和大方。

伴郎与伴娘：一般是选择与新娘年龄最接近的姐妹或好友做伴娘。新郎通常选择兄弟或最好的朋友做伴郎。通常是未婚的青年男女，但当代礼仪中也可以请已婚好友承担这一职责。伴郎伴娘的主要任务是陪伴、辅助新郎新娘。

以传统为主导的农村婚礼的主事人员没有城市那样分工细致，女家主要是确定伴娘和送新娘的人员，男家主要是确定接新娘的人员。农村的婚典很重视婚宴，是将婚仪和喜宴合一，"拜堂"仪式的主持人一般请族中或村中威望高、会办事的人主持。此外，不论是男家还是女家都要请专人在宴席上代主家张罗。

8. 婚典

婚典，主要是指为庆贺婚姻关系的确立而举行的一种仪式。婚典不具有什么法律上的意义和约束力。但是，婚典毕竟是历史遗留下来的传统习俗，时至今日人们依然十分重视新婚的庆贺仪式，认为它是结婚的重要标志，从这方面讲，举行适当的婚典是合情合理的。

然而婚典的形式和规模，是受社会物质和文化生活发展水平的影响和制约的。具体地说，婚典同人们的民族、宗教信仰、文化素质、经济收入以及社会风气等各种因素有关。

仪式应是健康、高雅的，烘托出婚典快乐、热闹的气氛，给人增添无限喜悦之情。在一种庄严、神圣、幸福、愉快的气氛中，向亲朋好友宣布婚姻关系的确立。

现代的青年，要不受传统婚典的束缚，对婚典进行适应时代需要的改革，创造出绚丽多彩而又文明健康、值得永远纪念的婚典形式。

推陈出新的杂技艺术文明

回顾艺术发展史，创新是一切艺术的根本法则。当前我国杂技艺术工作者面临的重要课题就是敢不敢创新的问题。由于长期对杂技艺术的历史、创作研究不够，造成了许多团体缺乏创作交流，许多演出单位，互相因袭，造成了各地节目雷同的状况，这些都是应当尽快解决的。

新时期以来，杂技艺术出现了辉煌盛况，不只在国际大赛中频繁得奖，而且技艺得到了空前提高，像"转碟"，这个在汉代已见雏形的节目，在漫长的历史中都只是一根竹竿，操纵一个盘子旋转，直到 20 世纪初也无大变。20 世纪 50 年代总政杂技团大力改革，发展为男演员双手同时耍弄十副旋转不辍的瓷盘开全法儿（即带着盘子做卧鱼、探海、背剑、推车等形体动作）。其超群的技艺，震惊了国内外杂技界，连获金奖。人们一度认为"转碟"艺术已经发展到极限，但是在 80 年代新一代杂技演员手里，它又有了超逸绝伦的发展，浙江杂技团的女演员表演的"女子转碟"，以双手耍弄 12 副盘子开全法儿为起点，不断创新，又表演了球子顶（头、对肘为支点在圆球上倒立）、小顶翻下（以头为支点全身倒立旋转 180°之后，后空翻着地，而盘子旋转不落）、单手持盘在头顶倒立的高难度系列动作。

这些表演已经令人惊叹，在双手耍弄 12 副瓷盘的同时，嘴咬着一个托着板凳的小铁架，铁架上托着一个双手耍弄 6 副瓷盘的女演员，她缓缓向后卷腰，直把头伸到比双腰还低的位置。这惊绝的表演，令观众赞叹不绝。

中国杂技在国际上连续获奖，优秀演员的拚搏追求，自然是重要因素，但是每一个单人节目背后都有一个创作和训练的集体，这无疑是中国社会主义制度的优越表现。

特别是大型的集体节目，更显示了我们国家的集体力量的潜能。1996年9月在广州召开全国第4次杂技理论研讨会，来自全国20多省市的杂技理论工作者，就广州军区战士杂技团新时期以来取得的辉煌成就，及其展示的杂技艺术的独特规律，展开了热烈讨论。战士杂技团被中央军委江泽民主席命名为"艺坛楷模"，他们"一个接一个推出精品新作，并成为唯一的几乎夺得所有国际赛场最高金奖的杂技团"（中国杂技家协会副主席汪峰《半个世纪的辉煌》）。

战士杂技团的经验是多方面的，就艺术创作方面而言，他们接连不断地推出在国内外刮目相看的精品佳作，继20世纪80年代在巴黎和英国国际比赛中夺魁的《钻地圈》《抖空竹》《双爬杆》之后，90年代的《双顶碗》又荣获摩纳哥第17届蒙特卡罗世界杂技比赛最高奖——"金小丑奖"。《柔术转毯》和《女子大跳板》先后获巴黎第4届"未来"赛和第15届"明日"赛最高奖——法兰西共和国总统奖。

新时期以来，在世界杂坛上获得金奖、银奖的节目很多，但却没有战士杂技团这样集中。由于整个杂技艺术提高了，许多省、市的杂技团都有自己的精品佳作，如前些年为人们所熟知的长春的《高空高低钢丝》《大球高车踢碗》，沈阳军区前进杂技团的《车技》《台圈》，上海的《大跳板》，沈阳的《顶碗》，南京的《转碟》，江西的《转动地圈》，重庆、成都的《舞流星》，河北的《晃梯顶技》，黑龙江的《高空技巧》，天津的《皮条》，北京的《抖空竹的小妞妞》，中国杂技团的《集体车技》，成都军区战旗杂技团的《对手顶技巧》，福建的《单车顶竿》，广州的《对手转毯》，安庆的《滚杯》和武汉、安徽的《排椅》，以及1995年全国大赛推出的天津的《单手倒立》，沈阳重新创编的《腾空飞杠》，新疆的《高空达瓦孜》，战旗的《阿细跳月》，上海的《十字跳板》，中国杂技团的《秦俑魂》，山东的《转动排椅》，广州的《蹦床钻圈》，重庆的《女子集体顶技》，湖南的《技巧造型》和河南的《狮子舞》等等。还有近年来推出的许多主题杂技乐舞晚会：如中国杂技团的《中华神韵》《中华魂》，北京杂技团的儿童杂技晚会《娃娃风》、战士杂技团的《向太阳》等等，使杂技艺术广泛吸收姐妹艺术的优长，充分利用现代音响、灯光和杂技文化理论与美学研究的成果，使中国杂技进入一个大汉盛唐也不能企及的从未有过的辉煌时代。

以战士杂技团的《银色畅想——女子抖轿子》连续修改五种版本为例，典型地说明中国杂技艺术家不断自我超越，不断创造辉煌的历程。

这个节目是战士杂技团为迎接 1995 年在北京召开的世界第四届妇女大会而创作的节目。1993 年，他们策划创作一个显示中国妇女精神面貌的节目，先是想用"女子空中飞人"，但考虑到演出场地（估计是人民大会堂）和飞人的气势，予以否定。当时全国技巧比赛正在广州举行。战士杂技团的主创人员，看了广东体育代表队获奖技巧节目，开拓了思路。

广东体育代表队在 70 年代曾向战士杂技团学习"抖轿子"的技巧，当时演出这个节目的就是现任战士杂技团团长宁福根大校。广东队以此技巧提高了体操的表演和高难程度而获奖，战士杂技团决定让"抖轿子"回娘家，而且改由女子表演。

"抖轿子"是传统形体技巧节目，它是赋予体育色彩的群体游戏的一种升华，它要求表演者在力量、技巧和腾跃平衡上都要达到相当水平，特别是腰腿和顶功，尤为重要。一般多是力量较强的男子来表演，只有顶端才由身量较轻的少女担任。

早在汉代，就有了这类节目的雏形，如山东嘉祥武氏祠的画像石就有不同的单手倒立形象，河南南阳汉墓画像石的单手倒立者就似女子。

以连续的群体高难技巧显示人体无限的力量和超凡技能，表现人们奋发向上、坚韧刚毅的无畏追求和豪迈情感，是"抖轿子"一类形体技巧节目的共同审美底蕴，阳刚之美是这类节目的艺术品格，战士杂技团的《银色畅想——女子抖轿子》却完全由属于阴柔之美的女子来表演，这本身就使这个节目具有了独特的审美价值：那连续 8 个抖直体后空翻 720°，空翻 2 周半与前空翻 1 周半高低空翻对接，4 节人单臂举单手顶落平，女子抖直体旋转空翻 1440°，前空翻 1 周半接手连抛 3 周空翻下等高难技巧而构成的充满阳刚之美的艺术意境。当身姿婀娜、天性秀美的清一色的女子，来表演以力量和技巧为依托的"抖轿子"这种感情形式时，它所展示的并不只是女子步入了过去男子所垄断的艺术手段这样一种表层意义，更重要的是这种集秀美和阳刚为一体的力所表现的美，使阳刚和阴柔两种美在矛盾互衬互补中愈显其自身的美质，这是"女子抖轿子"独具的美质，是任何艺术形式所难以企及的。

"抖轿子"的高难度技巧是这个节目的基础，是杂技艺术最根本的文化机制——游戏机制的提高，而由"抖轿子"到"银色畅想"赞美人类追求无限超越自身和地球这个星球的局限，飞向无垠的星空、宇宙，把中国杂技艺术自古就有的两大机制形象地表现出来。

"银色畅想"达到这样的艺术境界，依靠的是多种艺术手段的完美结合，首先是高难技艺与舞蹈在共同完成这个意境时互相补充，使其内在的逻辑形式与外在的感情展示达到水乳交融的境地。其次则是舞台美术、灯光、音乐的完美配合，那浩淼的星空，旋转的光环，交错的光柱和演员特异的服饰化装与那些沉思的舞步现代派舞蹈的造型，使"银色畅想"突破了以往杂技节目中单纯表现欢快的舞蹈与音乐的模式，达到了空前的艺术水平。

知识链接

经典杂技项目：《转碟》

《转碟》又称《衡碟子》《耍盘子》，是最富有中国民间特色的杂技项目之一。人们在特别高兴的时候常会手舞足蹈地耍弄身边的对象，《转碟》就是从这种行为中提炼出来的杂技节目。这个节目以随手可得的器皿——瓷碟和竹竿为道具，以演员腰、腿、顶、筋斗各项功夫，组成种种独特别致的技巧。

 高空"走索"艺术文明

走索在汉代已成为百戏中的重要节目。张衡的《西京赋》中有"走索上而相逢"的描述。蔡质《汉官典职仪式选用》中有记载："以两大绲绳，系两柱间，相距数丈，两伎女对舞，行于绳上，对面道逢，切肩不倾。"山东、河南汉墓汉代画像石中所见的高缒技艺，它有两种形式：一种是长绳呈水平状，另一种是呈倾斜状。

20世纪下半叶在河南新野县发掘出土的汉墓画像中发现有把高竿、走索、戏车、马术集于一堂，形成"双车双橦联索"组合的表演形式。可知汉代此技已达到很高水平。

随着时间的推移与科技的进步，走索已演变成：走用麻编成的粗绳，走在钢丝做成的绳索、走钢丝，走软钢丝、高低钢丝、十字钢丝上，形成高空走索、乔狮踩绳等不同类型、不同风格的平衡类杂技节目。近年来有了许多新发展，不仅"走钢丝"的技巧本身难度大幅度提高，还派生出多种多样的钢丝新节目。

目前中国的钢丝节目主要有"硬钢丝"和"软钢丝"两大类。"硬钢丝"两端多装有弹簧，故又称"弹簧钢丝"，演员在钢丝上借助弹簧的弹力表演各种动作，近来主要表演舞蹈。"软钢丝"是指钢丝松弛地荡在两个支撑的金属架之间，演员站在这种软钢丝上会有轻微的晃动，借助这种晃动来掌握重心、做踢碗、杂耍、滑稽表演等。"软钢丝"和"硬钢丝"都出现了许多精彩节目，其中《钢丝舞剑》和《钢丝筋斗》尤其引人瞩目。

"达瓦孜"是新疆地区流行的高空走索项目，历史悠久，形式独特，在高空走索节目中独树一帜。"达瓦孜"多在露天演出，在数十米高空的绳索或钢丝上，表演者手持长约 6 米的平衡杆，不带任何保险带，在绳索上表演前后走动、盘腿端坐索上、蒙上眼睛行走、脚下踩着碟子行走、飞身跳跃等一系列惊心动魄的技艺。

自古以来，"达瓦孜"的表演场面都热闹非凡，在维吾尔族民间乐曲的伴奏下，高空走索演员踏着节拍跳舞歌唱，迅速替换着做高难技巧与幽默表演，成千上万的观众随着这热烈的气氛而如醉如痴。

"达瓦孜"广受欢迎，影响深远，不仅在国内，而且在中亚、日本等地都广为人知。从现在知道的几个达瓦孜团的情况来看，达瓦孜首先发源于和田、莎车、英吉沙和喀什一带，后由于艺人流动演出，传至库车、吐鲁番、哈密、伊犁和乌鲁木齐。新疆杂技团从 1990 年 1 月起把英吉沙县达瓦孜团纳入本团，成立了由五位主要演员组成的达瓦孜队。自治区现有一个私人的达瓦孜团，是阿迪力·吾守尔的大哥艾山江·吾守尔领导的达瓦孜团，达瓦孜演员有三位。现在，新疆杂技团达瓦孜队和艾山江·吾守尔的达瓦孜团，均在乌鲁木齐。

吾守尔家族是如今新疆仅存的一个达瓦孜家族，他们从事达瓦孜表演已经有430多年的历史。目前表演达瓦孜的明星，当数新疆杂技团的空中王子阿迪力·吾守尔，是这个达瓦孜世家的第六代传人。

　　他不但创造了在高空钢丝上表演小顶倒立、劈叉、骑独轮车、弯腰采莲等新颖别致的高难技巧，还于1997年和2003年五次刷新了高空走钢丝的吉尼斯记录，成为众人关爱的空中勇士。2000年10月6日，南岳衡山盛况空前，十余万人拥向了衡山山麓。芙蓉峰至祝融峰两山之间横架着一条长达1399.6米，最高点离地达436米的钢丝。阿迪力将在没有任何保险设备的情况下，手中只握着一根长8米、重12公斤的平衡杆，向这一人类从未征服过的高度和难度挑战。

　　然而，古老的五岳之一南岳衡山似乎很不情愿被轻易地征服，它在本应晴朗的十月天里布下了漫天迷雾。越到下午的预定时间雾就越大，甚至还隐约有小雨飘来。一边是现场十几万人和在电视机旁收看现场直播的数以千万的观众，一边是大雾弥漫、淫雨霏霏，难度和危险可想而知。组委会出动飞机驱雾散雨也未能奏效。走？还是不走？阿迪力认真分析了现场情况和自己的实力，艺高人胆大，在众人的欢呼声中，他坚定地踏上了征程。

　　出发后不久，阿迪力就消失在山谷间的浓雾里。这时所有人都屏住了呼吸，希望浓雾赶紧散去，又希望阿迪力尽快出现在钢丝的另一端。大家翘首以望，鸦雀无声。在钢丝终点等待阿迪力的妻子依巴古丽更是焦急，不时地把耳朵贴在钢丝上倾听丈夫的脚步声。终于，在出发四十多分钟后，阿迪力身着民族服装的红色身影从雾中渐渐走出，一步步坚实地迈向了终点。

　　阿迪力经过52分13秒的征程，创造了无保险走过长1399.6米、平均高度280米钢丝的奇迹，又一次刷新了吉尼斯世界记录。阿迪力说：我的成功是所有中国人的骄傲！的确，高空走索是中华民族历史悠久的文化瑰宝，更代表了中华民族不畏艰险、知难而上、勇攀高峰、敢为天下先的民族精神！阿迪力的惊人技艺和勇敢，赢得各族人民爱戴，被推选为第五届全国人大代表和中国杂技家协会副主席。

知识链接

达瓦孜

"达瓦孜"是维吾尔族绵延千余年的一种杂技艺术形式。"达瓦孜"意为"高空走绳"。成书于 1072 至 1074 年的《突厥语大辞典》，有"走软绳，耍达瓦孜"的记载，这是第一次出现"达瓦孜"，可知至少已有千余年历史。如今，除把地面杂技的有些技巧搬上大绳，演出方式无大的改变。

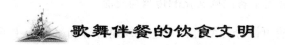

歌舞伴餐的饮食文明

民族歌舞伴餐在 20 世纪 90 年代至 21 世纪初已成为全国各地的一种普遍现象，旅游行业如此，日常餐饮中也得到普及，尤其是婚宴、寿宴等各种喜庆宴饮场合把歌舞伴餐推向大众化。

比如，婚宴上司仪激情洋溢的祝词，加之流行的祝福歌曲和传统的民族舞蹈，把整个婚礼气氛营造得既喜庆又热闹。而所上的佳肴也颇为讲究，不仅菜肴的数目为双数，而且菜肴以吉祥用语命名，寄托对新人美好的祝愿。

八个菜象征发财，十个菜象征十全十美，十二个菜象征月月幸福。如：江南地区流行的"八八大发席"，全席由八道冷菜、八道热菜组成。而且举办婚礼的日子也通常多选于农历双月的初八、十八、二十八，暗喻"要得发，不离八、八上加八、发了又发"的吉祥寓意。

台湾第一家庭婚宴十二道菜均有吉祥的名称："四海同歌韵和鸣——龙凤拼盘；鸾凤喜映神仙池——迷你佛跳墙；百年好合锦玉带——玉环鸳鸯贝；海誓山盟龙凤配——蒜茸蒸龙虾；月老红线牵深情——红烧刺参扣鱼肚；比翼双飞会鹊桥——金钱鸡拼酿鸡翅；天长地久庆有余——糖醋煎黑鲔鱼；纱窗绣幕鸳鸯枕——什锦烩蔬菜；同心齐谱金缕曲——红鲟米糕；七夕佳偶牵手心——鱼丸汤；花团锦簇并蒂莲——团圆莲子露；馥兰馨果合家欢——环球水果盘"。

成双的数字、吉祥的菜名寄托着人们对美好生活的期盼，欢快的歌舞、精彩的表演则带给宾客精神享受，宴饮乐舞的蓬勃发展既拉动了物质消费的内需，也促进了各民族文化的传承与交流。

歌舞伴餐可以分为两类：一是以外地游客和来宾为主要服务对象的歌舞伴餐，突出本省市的民族风情，如民族歌舞伴餐；二是以本地居民消费为服务对象的歌舞伴餐，突出营造欢庆娱乐的气氛，如婚礼歌舞伴餐等。

国宴的乐曲根据宴请对象的不同而有差异，既体现中国的民族自尊、自信、自强和热情好客，又体现国家与民族之间平等尊重、友好合作的时代主题。比国宴次一级的是各省市举办的彰显本省特色的省级筵席，同样带有一定的政治礼仪性质，所使用的乐舞多庄重典雅。

国宴多数在晚上举行，时间为一个半小时左右，入座前已摆好冷盘，每个人有四五种冷菜，一般是素菜、荤菜，有鸭掌、酱牛肉、素火腿等。当宾客进入宴会厅时，乐队奏欢迎曲。服务员站在主人座位右侧，面带微笑，引请入席。宾客入场就绪，宴会正式开始。

全场起立，乐队奏起两国国歌。这时已经在现场的服务员，都要原地肃立，停止一切工作。主宾桌负责让酒的服务员，要提前斟好一杯酒，放在小型酒盘内，站立在讲台一侧，致辞完毕立即端上，以应宾、主举杯祝酒之用，并跟随照顾斟酒。

知识链接

昆明世博吉鑫园

昆明世博吉鑫园是各省市民族歌舞伴餐的一个典型。1999 年，借昆明主办昆明世博会的东风，吉鑫园投资 7000 万元，在昆明世博园大门南侧建成了世博吉鑫园饮食文化城。文化城占地 18 亩，建筑面积达 1.8 万平方米。这座可让 1500 人同时进餐的美食城，每天都载歌载舞，表演云南 26 个民族的绝技、绝活，为宾客提供了一个展示云南民族文化的窗口。经过精心策划，一个令人耳目一新的文化创意在世博吉鑫园变为现实：梦幻、艳丽、神秘的《吉鑫宴舞》出现在人们面前。

喜庆的节日酒歌习俗

节日酒歌是为了庆贺节日而唱的歌曲。如羌族在农历十月初一过羌历新年时就要唱酒歌，唱时主客并排而坐，轮流对唱，节奏缓慢而旋律优美，声音高亢，拖腔婉转，具有典雅朴素的优美风格。歌词长，多表达吉祥、祝贺与酬谢谢意，或叙述家史与追忆祖先业绩。

节日的歌唱常常伴以舞蹈，形式有"跳锅庄""跳盔甲""皮鼓舞"等，而以"跳锅庄"最为流行。舞蹈时，一唱一落，男女互相变换位置，营造节日热烈欢乐的气氛。约半分钟后，一阕才终二阕又起。参加的男女多至数十人，并伴以唱咂酒，往往歌舞达旦。又如布努瑶在春节、"祝著节"和秋冬时节的婚嫁立房以及给外甥送背带等场合，三亲六戚都要来道喜祝贺，对唱酒歌。酒歌的内容包括有：谢亲歌、谢恩歌、筷条歌、辞别歌等。

酒歌的演唱者，多为男性演员。演唱形式为对唱对白。人数一对一、二对二、三对三、四对四不等，表演队形有一排平坐，或者二排对坐，旁边有斟酒、敬酒人。当一方唱完一段歌或念完一段道白后，另一方就在旁边祝贺，接着是斟酒、敬酒、饮酒，众人欢欣鼓舞。瑶族酒歌，以说说唱唱、演演笑笑为主，乐趣无穷，深为广大布努瑶群众喜爱。

歌、舞常常相伴，在少数民族以歌劝酒的同时，有的民族也以舞佐酒。比如，朝鲜族喝酒，慢斟慢饮，喝的时间长，饮酒歌舞，且饮、且舞、且歌、且醉。藏族在欢庆节日、亲朋聚会或集体劳动之余，喝酒喝得起兴，就随时随地可摆酒场，在场的人围成舞圈，在圈中央放一罐酒和十八只龙纹大碗，人们跳一阵舞就停下喝一阵酒，也有的在舞圈设下酒卡——由某位老人斟满酒守候着，跳舞的人每经过这里，必得满饮三杯才能放行。

又如，解放前傣族土司头人宴集欢饮时，常由寨中年轻姑娘来敬酒。这些姑娘能歌善饮，用银盘托着杯壶依次劝酒，客人避酒，需把一枚硬币放入盘中，请姑娘代喝。饮到兴浓时，歌和舞便相继上场了。如今在傣族民间，凡亲朋相聚，跳舞，唱歌，必饮酒助兴，宴席之上更是"水—水—水"的呼声不绝于耳。特别是逢年过节时，人们往往聚集痛饮"竹管酒"。相聚而饮的人一般分为两部分：一部分人围着大陶坛，用1.5米长的细竹管咂酒，另一部分则在另一旁欢歌起舞，为之助兴。两部分人边舞边饮，相互交替，反复循环，象征着全寨的团结和睦。

再如，在黔东南一带苗族待客时，客人进门首先便要喝主人用牛角盛来的进门酒。在酒席上开始饮酒前，要用筷头蘸一点酒洒在地上，表示对祖先的敬祭；席间主客频频举杯，喝团圆酒、交杯酒，以示亲热和团结；大家还要即兴互唱酒歌，一问一答，答不上来要喝酒，每喝一碗还要用一种叫"酒红"的颜料在脸上抹上一道印记，即使客人归家时，也不将脸上的酒红洗去，还以此为荣耀。酒至半酣，主人与客人还即兴表演芦笙舞、板凳舞以助酒兴。澜沧江、怒江一带的傈僳族、怒族在婚礼时常豪饮狂欢。

时尚的酒吧文化

酒吧，英文称"Bar."，源于古希腊语，意指"木栅栏"。早期的酒吧只是出售酒水的柜台，后来随着酿酒业的发展，酒吧从饭店和餐馆中分离出来，成为专门出售酒水和客人饮酒、交友、聚会、娱乐的地方。

我国的酒吧最早出现在20世纪二三十年代的上海、青岛、哈尔滨、旅顺、大连等一些港口城市，主要为当时在中国的西方消费者服务，一些达官贵人也经常出入于这些消遣场所，这些酒吧不是平民百姓所能消费的。

其后相当长的一段时间内，酒吧都以服务上流社会消遣为主，而且多集中于使领馆和大型酒店附近。新中国成立后，很长一段时期国内没有真正意义上的酒吧。

改革开放后，随着国际交流的日益增多和在华外国人数量的增长，酒吧作为一种西方人喜爱的消费和交流场所成为中国人效仿的时尚，且各式酒吧数量庞大：酒店里的酒吧、酒吧街、饭馆餐厅里的酒吧、各种庆典活动的酒吧服务，甚至家居里的私人酒吧，无处不在，无酒不欢。随着人们对酒吧的接触增多，越来越多的中国人喜欢上了酒吧这种消费和交际场所，酒吧也不再是仅供"贵族"消费，而开始呈现出生活化、大众化和本土化的发展趋势。

目前，酒吧大致可分为三类：第一类酒吧就是校园酒吧，第二类是音乐酒吧，第三类是商业酒吧。人们根据消费意向的不同而有所选择。

　　校园酒吧最大的特色就是前卫，从布置、音乐到所谈的话题都很前卫。变异夸张的墙面画，别出心裁的题记，大多出于顾客随心所欲的涂写，不放流行音乐，没有轻柔的音乐，从头到尾播的都是摇滚音乐；

　　音乐酒吧讲究气氛情调和音乐效果，都配有专业级音响设备和最新潮的音乐 CD，时常还有乐队表演。柔和的灯光、柔软的墙饰，加上柔美的音乐，吸引着不少注重品位的音乐爱好者；

　　商业酒吧无论大小，追求的是西方酒吧的温馨、随意和尽情的气氛，主要集中在大宾馆和商业街市。以新新人类自居的酷男辣妹，对于"泡吧"更是情有独钟，因为酒吧里欣赏歌舞、听音乐、扎堆聊天、喝酒品茶甚至蹦迪，无所不包，随你玩到尽兴，又显出时尚派头，自然成了流行的消闲娱乐方式。

　　雅致的酒吧很少有吵闹的游戏活动，而让人尽情宣泄的酒吧则各种助酒游戏都缤纷登场，特别是酒吧与卡拉 OK 和 KTV 结合的酒吧式卡拉 OK，饮酒游戏更为丰富，当前比较流行的酒吧游戏按有无道具可以分为两大类，即有道具类和无道具类。

 扩展阅读　酒满茶浅话文明

　　在我国传统饮食习俗中，有很多的禁忌，如"饭要少吃，酒要少饮""莫吃卯时酒，昏昏醉到西""不贪意外财，不饮过量酒""唯酒无量，不及乱"等都是提醒人们饮酒时的注意事项。"酒要满，茶要浅"则是涉及斟酒倒茶的礼仪要求，类似的说法还有"茶七饭八酒满杯"等。

酒要满是指在一般的宴席上，主人为客人斟酒，倒至满溢，以显示待客的诚挚之情。很多地方有头三杯全满全干，不醉不归的习俗，酒要满要多喝，否则会被人认为待客不周。其实从酒的作用来说，酒精本来就会让人情绪激动，正好可以烘托宴席的气氛，所谓无酒不席。

主人满酒敬客又有顺水推舟的合理之处。酒要满，合情合理，适量饮用，无可非议；但要辩证地理解，即在尽情畅饮之时，主客都要把握分寸，量力而行。不可强行劝酒或逞强贪杯。

人们总结出的酒道中有"敬""欢""宜"三大原则，即饮酒过程中表现出足够的敬意，双方都很高兴和适可而止，满酒或劝酒都要以这些酒道为底线。

茶要浅是指相对酒满而言，茶要浅。其实浅与满是相对的，而且这个浅也有分寸可言，如民间有"茶要七分满"或"倒茶只倒七分满，流得三分是人情"的说法，这种"七分满"的浅茶同样是向对方表示尊敬之意，与满酒有异曲同工之妙。因为旧俗以为茶斟得太满是对客人的不敬，类同让客人牛饮，有骂人之嫌。

从情理上而言，这种礼仪要求可能出于以下两种情况的考虑：倒得少了，显示不出主人足够的诚意；多至满溢，客人喝茶不便，主人也尴尬，又是最大的失敬。所以，按照传统的中庸观念，中中为正，中上为善，人们就以不太偏也不太倚的七分为斟茶标准。再者，喝茶本是闲暇之时的习惯，不需要烘托什么热闹气氛。与酒席相比，它更青睐于清静悠闲。浅茶则正好适应这种慢节奏，似乎有细水长流、来日方长之意，而茶道讲究廉、美、和、敬，七分满的"浅"茶习俗与此互为表里，显示了我国茶文化崇尚淡雅的鲜明特色。

总而言之，待客以酒茶，一满一浅，虽有形式上的差异，但都体现了社会交际中以礼敬人和从实际出发的两点原则。此处的敬主要指主人应该对客人真心实意，其实需灵活对待，因人因时而异，即从实际出发。

除此之外，在我国丰富的饮食文化中还有许多其他的酒茶之礼。以酒为例，礼酒不分家，所谓"酒以成礼""有礼之会无酒不行""无酒不礼""无酒不成礼仪"都说明了酒与礼仪的密切关系，由此而衍生出很多关于酒的礼俗，体现在饮酒、斟酒、敬酒、祝酒等方面。

如上面所说的酒要满就是指斟酒时的礼仪要求，一般从其侧面斟酒，酒壶不能挡住客人视线，也是如此。饮酒的礼俗也有不少，如饮前酹酒，干杯时酒杯必须喝净，迟到者要罚酒，隔席不问酒等等。

敬酒时要从尊长开始，先为对方斟满，然后满好自己的酒。双手捧杯，祝福对方，然后先干为敬。祝酒时还有很多祝酒词，如祝寿、祝喜、祝安、祝行、祝顺等。在觥筹交错中，敬酒或祝酒者将他们的敬意和祝福融于酒里，溢于言表，酒礼酒礼，酒中有礼，可见酒在社会交际中的重要作用。